Cuisine Équilibrée et Délicieuse
Recettes à Faible Teneur en Sodium

Camille Laurent

Indice

Soupe de truite et carottes 12
Ragoût de dinde et fenouil 13
soupe d'aubergines 14
crème de patate douce 15
Soupe au poulet et aux champignons 16
saumon frit 18
Salade de pommes de terre 19
Casserole de boeuf haché et tomates 21
Salade de crevettes et avocat 22
crème de brocoli 23
Soupe aux choux 24
Soupe de céleri et chou-fleur 25
Soupe de porc et poireaux 26
Salade de crevettes à la menthe et brocoli 27
Soupe de crevettes et morue 29
Mélange de crevettes et d'oignons verts 31
ragoût d'épinards 32
Mélange de chou-fleur au cari 33
Ragoût de carottes et courgettes 34
Ragoût de chou frisé et haricots verts 36
Soupe aux champignons 37
porc chili 38
Salade de champignons au poivre et au saumon 39
Un mélange de pois chiches et de pommes de terre 41

Mélange de poulet à la cardamome	43
lentilles au piment	45
endives au romarin	46
endives au citron	47
pesto d'asperges	48
carotte au paprika	49
cocotte de pommes de terre crémeuse	50
chou au sésame	52
brocoli coriandre	53
Chili aux choux de Bruxelles	54
Choux de Bruxelles et mélange d'oignons verts	55
Purée de chou-fleur	56
salade d'avocats	57
Salade de radis	58
Salade de chicorée	59
Un mélange d'olives et de maïs	60
Salade de roquette et pignons de pin	61
amandes et épinards	62
Salade de haricots verts et maïs	63
Salade d'endives et choux	64
nous mangeons de la salade	65
Salade de raisins et d'avocat	66
Aubergines mélangées à l'origan	67
mélange de tomates rôties	68
champignons au thym	69
Ragoût d'épinards et de maïs	70
Faire dorer le maïs et la ciboulette	71

Salade d'épinards et de mangue 72

pomme de terre moutarde 73

Choux de Bruxelles à la noix de coco 74

sauge carotte 75

Champignons à l'ail et au maïs 76

pesto de haricots verts 77

tomate à l'estragon 78

Betterave Amande 79

Tomate, menthe et maïs 80

Sauce courgettes et avocat 81

Mélange de pommes et choux 82

betterave rôtie 83

chou à l'aneth 84

Salade de chou et carotte 85

Sauce tomate et olive 86

Salade de courgettes 87

Salade de carottes au curry 88

Salade de laitue et betterave 89

radis aux herbes 90

Mélange de fenouil rôti 91

Poivrons rôtis 92

Ragoût de dattes et de chou frisé 93

mélange de haricots noirs 94

Un mélange d'olives et d'endives 95

Salade de tomate et de cocombre 96

Salade de poivrons et carottes 97

Un mélange de haricots noirs et de riz 98

Un mélange de riz et de chou-fleur	99
mélange de haricots balsamiques	100
betterave crémeuse	101
Mélange d'avocat et de poivre	102
Patates douces et betteraves rôties	103
chou braisé	104
carottes assaisonnées	105
artichauts au citron	106
Brocoli, haricots et riz	107
Mélange de citrouille rôtie	108
asperges crémeuses	109
Mélange de navets et basilic	110
Un mélange de riz et de câpres	111
Un mélange d'épinards et de chou	112
Mélange de crevettes et d'ananas	113
Saumon et olives vertes	114
saumon et fenouil	115
morue et asperges	116
Crevettes épicées	117
bar et tomate	118
crevettes et haricots	119
Mélange de crevettes et raifort	120
Salade de crevettes et estragon	121
morue parmigiana	122
Tilapia mélangé et oignons rouges	123
salade de truite	124
truite balsamique	125

persil persil	126
Salade de truite et légumes	127
saumon au safran	128
Salade de crevettes et pastèque	129
Salade de crevettes à l'origan et au quinoa	130
Salade De Crabe	131
pétoncles balsamiques	132
Mélange de sole crémeux	133
Mélange épicé de saumon et de mangue	134
Mélange de crevettes à l'aneth	135
Pâté de saumon	136
crevettes aux artichauts	137
Crevettes sauce citron	138
Un mélange de thon et d'orange	139
curry de saumon	140
Mélange de saumon et carottes	141
Mélange de crevettes et pignons de pin	142
Cabillaud aux Poivrons et Haricots Verts	143
pétoncles à l'ail	144
Mélange crémeux de bar	145
Un mélange de bar et de champignons	146
soupe au saumon	147
Muscade aux crevettes	148
Mélange de crevettes et fruits rouges	149
truite citronnée au four	150
Coquilles Saint-Jacques à la ciboulette	151
côtelettes de thon	152

poêle à saumon	153
mélange de moutarde et de morue	154
Mélange de crevettes et asperges	155
morue et petits pois	156
Bols de crevettes et moules	157
Crème de menthe	158
pouding aux framboises	159
barres d'amandes	160
mélange de pêches rôties	161
Gâteau aux noix	162
tarte aux pommes	163
crème à la cannelle	164
Mélange crémeux aux fraises	165
Brownies à la vanille et aux pacanes	166
gâteau aux fraises	167
pudding au cacao	168
Crème vanille-muscade	169
crème d'avocat	170
crème de framboise	171
salade de pastèque	172
Mélange poire et noix de coco	173
confiture de pommes	174
ragoût d'abricots	175
Mélange de cantaloup au citron	176
crème crémeuse à la rhubarbe	177
bols d'ananas	178
ragoût de myrtilles	179

Pouding au citron	180
crème de pêche	181
Mélange de cannelle et de prune	182
Pommes Chia et Vanille	183
Pouding au riz et aux poires	184
ragoût de rhubarbe	185
crème de rhubarbe	186
salade de myrtilles	187
Crème de dattes et banane	188
petits pains aux prunes	189
Bols de pruneaux et raisins secs	190
barres de tournesol	191
Bols de noix de cajou et de canneberges	192
Bols orange et mandarine	193
Crème De Potiron	194
Un mélange de figues et de rhubarbe	195
banane épicée	196
cocktail au cacao	197
barres de banane	198
Barres de dattes au thé vert	199
crème de noix	200
Gâteau au citron	201
barres aux raisins	202
carrés de nectarines	203
ragoût de raisin	204
crème de mandarine et de prune	205
Crème De Cerise Et Fraise	206

Noix de cardamome et riz au lait 207

pain aux poires 208

Riz au lait et cerise 209

ragoût de pastèque 210

pudding au gingembre 211

crème de cajou 212

biscuits au chanvre 213

Bols d'amandes et de grenades 214

Cuisses de poulet et légumes au romarin 215

Poulet aux carottes et au chou 217

Sandwich aux aubergines et à la dinde 218

Soupe de truite et carottes

Temps de préparation : 10 minutes
Temps de cuisson : 25 minutes
Portions : 4

Ingrédients:
- 1 oignon jaune, haché
- 12 tasses de bouillon de poisson faible en sodium
- 1 livre de carottes, tranchées
- 1 livre de filets de truite, désossés, sans peau et coupés en dés
- 1 cuillère à soupe de paprika doux
- 1 tasse de tomates, coupées en dés
- 1 cuillère à soupe d'huile d'olive
- poivre noir au goût

Instructions:
1. Faites chauffer une poêle avec de l'huile d'olive à feu moyen, ajoutez l'oignon, remuez et faites revenir 5 minutes.
2. Ajouter le poisson, les carottes et les autres ingrédients, porter à ébullition et cuire à feu moyen pendant 20 minutes.
3. Répartissez la soupe dans des bols et servez.

Nutrition: calories 361, lipides 13,4, fibres 4,6, glucides 164, protéines 44,1

Ragoût de dinde et fenouil

Temps de préparation : 10 minutes
Temps de cuisson : 45 minutes
Portions : 4

Ingrédients:
- 1 poitrine de dinde sans peau, désossée et coupée en cubes
- 2 bulbes de fenouil hachés
- 1 cuillère à soupe d'huile d'olive
- 2 feuilles de laurier
- 1 oignon jaune, haché
- 1 tasse de tomates en conserve, non salées
- 2 bouillons de bœuf faibles en sodium
- 3 gousses d'ail hachées
- poivre noir au goût

Instructions:
1. Faites chauffer une poêle avec de l'huile à feu moyen, ajoutez l'oignon et la viande et faites revenir 5 minutes.
2. Ajouter le fenouil et les autres ingrédients, porter à ébullition et cuire à feu moyen pendant 40 minutes en remuant de temps en temps.
3. Répartissez le ragoût dans des bols et servez.

Nutrition: Calories 371, lipides 12,8, fibres 5,3, glucides 16,7, protéines 11,9

soupe d'aubergines

Temps de préparation : 10 minutes
Temps de cuisson : 30 minutes
Portions : 4

Ingrédients:
- 2 grosses aubergines, tranchées grossièrement
- 1 litre de bouillon de légumes faible en sodium
- 2 cuillères à soupe de concentré de tomates non salées
- 1 oignon rouge, haché
- 1 cuillère à soupe d'huile d'olive
- 1 cuillère à soupe de coriandre hachée
- Une pincée de poivre noir

Instructions:
1. Faites chauffer une poêle avec de l'huile d'olive à feu moyen, ajoutez l'oignon, remuez et faites revenir 5 minutes.
2. Ajouter les aubergines et les autres ingrédients, mettre sur feu moyen, cuire 25 minutes, répartir dans des bols et servir.

Nutrition: Calories 335, lipides 14,4, fibres 5, glucides 16,1, protéines 8,4

crème de patate douce

Temps de préparation : 10 minutes
Temps de cuisson : 25 minutes
Portions : 4

Ingrédients:
- 4 tasses de bouillon de légumes
- 2 cuillères à soupe d'huile d'avocat
- 2 patates douces, pelées et coupées en dés
- 2 oignons jaunes, hachés
- 2 gousses d'ail, hachées
- 1 tasse de lait de coco
- Une pincée de poivre noir
- ½ cuillère à café de basilic haché

Instructions:
1. Faites chauffer une poêle avec l'huile d'olive à feu moyen, ajoutez l'oignon et l'ail, remuez et faites revenir pendant 5 minutes.
2. Ajouter la patate douce et les autres ingrédients, porter à ébullition et cuire à feu moyen pendant 20 minutes.
3. Mixez la soupe au mixeur plongeant, versez dans des bols et servez pour le déjeuner.

Nutrition: Calories 303, lipides 14,4, fibres 4, glucides 9,8, protéines 4,5

Soupe au poulet et aux champignons

Temps de préparation : 10 minutes
Temps de cuisson : 30 minutes
Portions : 4

Ingrédients:
- 1 litre de bouillon de légumes, faible en sodium
- 1 cuillère à soupe de gingembre, râpé
- 1 oignon jaune, haché
- 1 cuillère à soupe d'huile d'olive
- 1 livre de poitrine de poulet sans peau, désossée et coupée en cubes
- ½ livre de champignons blancs tranchés
- 4 piments thaïlandais, hachés
- ¼ tasse de jus de citron
- ¼ tasse de coriandre, hachée
- Une pincée de poivre noir

Instructions:
1. Faites chauffer une poêle avec l'huile d'olive à feu moyen, ajoutez l'oignon, le gingembre, le poivre et la viande, mélangez et faites revenir 5 minutes.
2. Ajoutez les champignons, remuez et laissez cuire encore 5 minutes.
3. Ajoutez le reste des ingrédients, portez à ébullition et laissez cuire encore 20 minutes à feu moyen.
4. Répartissez la soupe dans des bols et servez immédiatement.

Nutrition: Calories 226, lipides 8,4, fibres 3,3, glucides 13,6, protéines 28,2

saumon frit

Temps de préparation : 10 minutes
Temps de cuisson : 20 minutes
Portions : 4

Ingrédients:
- 4 filets de saumon désossés
- 3 gousses d'ail hachées
- 1 oignon jaune, haché
- poivre noir au goût
- 2 cuillères à soupe d'huile d'olive
- le jus d'1 citron vert
- 1 cuillère à soupe de zeste de citron, râpé
- 1 cuillère à soupe de thym haché

Instructions:
1. Faites chauffer une poêle avec l'huile d'olive à feu moyen, ajoutez l'oignon et l'ail, remuez et faites revenir pendant 5 minutes.
2. Ajoutez le poisson et faites cuire 3 minutes de chaque côté.
3. Ajoutez le reste des ingrédients, faites bouillir le tout encore 10 minutes, répartissez dans des assiettes et servez pour le déjeuner.

Nutrition: Calories 315, lipides 18,1, fibres 1,1, glucides 4,9, protéines 35,1

Salade de pommes de terre

Temps de préparation : 10 minutes
Temps de cuisson : 20 minutes
Portions : 4

Ingrédients:
- 2 tomates hachées
- 2 avocats, dénoyautés et tranchés
- 2 tasses de pousses d'épinards
- 2 ciboulette hachée
- 1 livre de pommes de terre dorées, bouillies, pelées et tranchées
- 1 cuillère à soupe d'huile d'olive
- 1 cuillère à soupe de jus de citron
- 1 oignon jaune, haché
- 2 gousses d'ail, hachées
- poivre noir au goût
- 1 bouquet de coriandre hachée

Instructions:
1. Faites chauffer une poêle avec l'huile d'olive à feu moyen, ajoutez l'oignon, la ciboulette et l'ail, remuez et faites revenir 5 minutes.
2. Ajoutez les pommes de terre, remuez doucement et laissez cuire encore 5 minutes.
3. Ajouter le reste des ingrédients, mélanger, cuire à feu moyen encore 10 minutes, répartir dans des bols et servir pour le déjeuner.

Nutrition: Calories 342, lipides 23,4, fibres 11,7, glucides 33,5, protéines 5

Casserole de boeuf haché et tomates

Temps de préparation : 10 minutes
Temps de cuisson : 20 minutes
Portions : 4

Ingrédients:
- 1 livre de bœuf haché
- 1 oignon rouge, haché
- 1 cuillère à soupe d'huile d'olive
- 1 tasse de tomates cerises, coupées en deux
- ½ poivron rouge, haché
- poivre noir au goût
- 1 cuillère à soupe d'ail, haché
- 1 cuillère à soupe de romarin haché
- 3 cuillères à soupe de bouillon de bœuf faible en sodium

Instructions:
1. Faites chauffer une poêle avec l'huile d'olive à feu moyen, ajoutez l'oignon et le poivron, remuez et faites revenir pendant 5 minutes.
2. Ajoutez la viande, remuez et laissez cuire encore 5 minutes.
3. Ajouter les autres ingrédients, mélanger, cuire 10 minutes, répartir dans des bols et servir pour le déjeuner.

Nutrition: Calories 320, lipides 11,3, fibres 4,4, glucides 18,4, protéines 9

Salade de crevettes et avocat

Temps de préparation : 5 minutes
Temps de cuisson : 0 minutes
Portions : 4

Ingrédients:
- 1 orange, pelée et tranchée
- 1 livre de crevettes, cuites, décortiquées et éviscérées
- 2 tasses de bébé roquette
- 1 avocat dénoyauté, pelé et haché
- 2 cuillères à soupe d'huile d'olive
- 2 cuillères à soupe de vinaigre balsamique
- ½ jus d'orange
- sel et poivre noir

Instructions:
1. Mélangez les crevettes avec les oranges et les autres ingrédients dans un saladier, mélangez et servez pour le déjeuner.

Nutrition: Calories 300, lipides 5,2, fibres 2, glucides 11,4, protéines 6,7

crème de brocoli

Temps de préparation : 10 minutes
Temps de cuisson : 40 minutes
Portions : 4

Ingrédients:
- 2 kilos de fleurons de brocoli
- 1 oignon jaune, haché
- 1 cuillère à soupe d'huile d'olive
- poivre noir au goût
- 2 gousses d'ail, hachées
- 3 tasses de bouillon de bœuf faible en sodium
- 1 tasse de lait de coco
- 2 cuillères à soupe de coriandre hachée

Instructions:
1. Faites chauffer une poêle avec l'huile d'olive à feu moyen, ajoutez l'oignon et l'ail, remuez et faites revenir pendant 5 minutes.
2. Ajouter le brocoli et les autres ingrédients, sauf le lait de coco, porter à ébullition et cuire à feu moyen encore 35 minutes.
3. Battez la soupe au mixeur, ajoutez le lait de coco, battez à nouveau, répartissez dans des bols et servez.

Nutrition: Calories 330, lipides 11,2, fibres 9,1, glucides 16,4, protéines 9,7

Soupe aux choux

Temps de préparation : 10 minutes
Temps de cuisson : 40 minutes
Portions : 4

Ingrédients:
- 1 grosse tête de chou vert, haché grossièrement
- 1 oignon jaune, haché
- 1 cuillère à soupe d'huile d'olive
- poivre noir au goût
- 1 poireau haché
- 2 tasses de tomates en conserve, faibles en sodium
- 4 tasses de bouillon de poulet, faible en sodium
- 1 cuillère à soupe de coriandre hachée

Instructions:
1. Faites chauffer une poêle avec l'huile d'olive à feu moyen, ajoutez l'oignon et le poireau, remuez et faites revenir 5 minutes.
2. Ajouter le chou et les autres ingrédients sauf la coriandre, porter à ébullition et cuire à feu moyen pendant 35 minutes.
3. Versez la soupe dans des bols, saupoudrez de coriandre et servez.

Nutrition: Calories 340, lipides 11,7, fibres 6, glucides 25,8, protéines 11,8

Soupe de céleri et chou-fleur

Temps de préparation : 10 minutes
Temps de cuisson : 40 minutes
Portions : 4

Ingrédients:
- 2 livres de fleurons de chou-fleur
- 1 oignon rouge, haché
- 1 cuillère à soupe d'huile d'olive
- 1 tasse de purée de tomates
- poivre noir au goût
- 1 tasse de céleri, haché
- 6 tasses de bouillon de poulet faible en sodium
- 1 cuillère à soupe d'aneth haché

Instructions:
4. Faites chauffer une poêle avec l'huile d'olive à feu moyen, ajoutez l'oignon et le céleri, remuez et faites revenir 5 minutes.
5. Ajouter le chou-fleur et les autres ingrédients, porter à ébullition et cuire à feu moyen encore 35 minutes.
6. Répartissez la soupe dans des bols et servez.

Nutrition: Calories 135, lipides 4, fibres 8, glucides 21,4, protéines 7,7

Soupe de porc et poireaux

Temps de préparation : 10 minutes
Temps de cuisson : 40 minutes
Portions : 4

Ingrédients:
- 1 livre de viande de ragoût de porc, coupée en dés
- poivre noir au goût
- 5 poireaux hachés
- 1 oignon jaune, haché
- 2 cuillères à soupe d'huile d'olive
- 1 cuillère à soupe de persil haché
- 6 tasses de bouillon de bœuf faible en sodium

Instructions:
4. Faites chauffer une poêle avec l'huile d'olive à feu moyen, ajoutez l'oignon et le poireau, remuez et faites revenir 5 minutes.
5. Ajoutez la viande, remuez et laissez cuire encore 5 minutes.
6. Ajoutez le reste des ingrédients, portez à ébullition et laissez cuire à feu moyen pendant 30 minutes.
7. Répartissez la soupe dans des bols et servez.

Nutrition: Calories 395, lipides 18,3, fibres 2,6, glucides 18,4, protéines 38,2

Salade de crevettes à la menthe et brocoli

Temps de préparation : 5 minutes
Temps de cuisson : 20 minutes
Portions : 4

Ingrédients:
- 1/3 tasse de bouillon de légumes faible en sodium
- 2 cuillères à soupe d'huile d'olive
- 2 tasses de fleurons de brocoli
- 1 livre de crevettes, décortiquées et éviscérées
- poivre noir au goût
- 1 oignon jaune, haché
- 4 tomates cerises coupées en deux
- 2 gousses d'ail, hachées
- Jus de ½ citron
- ½ tasse d'olives Kalamata, dénoyautées et coupées en deux
- 1 cuillère à soupe de menthe hachée

Instructions:
1. Faites chauffer une poêle avec l'huile d'olive à feu moyen, ajoutez l'oignon et l'ail, remuez et faites revenir pendant 3 minutes.
2. Ajoutez les crevettes, remuez et laissez cuire encore 2 minutes.
3. Ajouter le brocoli et les autres ingrédients, mélanger, cuire 10 minutes, répartir dans des bols et servir pour le déjeuner.

Nutrition: calories 270, lipides 11,3, fibres 4,1, glucides 14,3, protéines 28,9

Soupe de crevettes et morue

Temps de préparation : 10 minutes
Temps de cuisson : 20 minutes
Portions : 4

Ingrédients:

- 1 litre de bouillon de poulet faible en sodium
- ½ livre de crevettes, décortiquées et éviscérées
- ½ kilo de filets de cabillaud désossés, sans peau et coupés en cubes
- 2 cuillères à soupe d'huile d'olive
- 2 cuillères à café de poudre de chili
- 1 cuillère à café de paprika doux
- 2 échalotes hachées
- Une pincée de poivre noir
- 1 cuillère à soupe d'aneth haché

Instructions:

1. Faites chauffer une poêle avec l'huile d'olive à feu moyen, ajoutez les échalotes, remuez et faites revenir 5 minutes.
2. Ajouter les crevettes et la morue et cuire encore 5 minutes.
3. Ajouter le reste des ingrédients, porter à ébullition et cuire à feu moyen pendant 10 minutes.
4. Répartissez la soupe dans des bols et servez.

Nutrition: Calories 189, lipides 8,8, fibres 0,8, glucides 3,2, protéines 24,6

Mélange de crevettes et d'oignons verts

Temps de préparation : 10 minutes
Temps de cuisson : 10 minutes
Portions : 4

Ingrédients:
- 2 livres de crevettes, décortiquées et éviscérées
- 1 tasse de tomates cerises, coupées en deux
- 1 cuillère à soupe d'huile d'olive
- 4 oignons verts, hachés
- 1 cuillère à soupe de vinaigre balsamique
- 1 cuillère à soupe d'ail, haché

Instructions:
1. Faites chauffer une poêle avec l'huile d'olive à feu moyen, ajoutez l'oignon et les tomates cerises, remuez et faites revenir 4 minutes.
2. Ajouter les crevettes et les autres ingrédients, cuire encore 6 minutes, répartir dans les assiettes et servir.

Nutrition: Calories 313, lipides 7,5, fibres 1, glucides 6,4, protéines 52,4

ragoût d'épinards

Temps de préparation : 10 minutes
Temps de cuisson : 15 minutes
Portions : 4

Ingrédients:
- 1 cuillère à soupe d'huile d'olive
- 1 cuillère à café de gingembre, râpé
- 2 gousses d'ail, hachées
- 1 oignon jaune, haché
- 2 tomates hachées
- 1 tasse de tomates en conserve, non salées
- 1 cuillère à café de cumin moulu
- Une pincée de poivre noir
- 1 tasse de bouillon de légumes faible en sodium
- 2 livres de feuilles d'épinards

Instructions:
1. Faites chauffer une poêle avec l'huile d'olive à feu moyen, ajoutez le gingembre, l'ail et l'oignon, remuez et faites revenir pendant 5 minutes.
2. Ajouter les tomates, les tomates en conserve et les autres ingrédients, remuer doucement, porter à ébullition et cuire encore 10 minutes.
3. Répartissez le ragoût dans des bols et servez.

Nutrition: Calories 123, lipides 4,8, fibres 7,3, glucides 17, protéines 8,2

Mélange de chou-fleur au cari

Temps de préparation : 10 minutes
Temps de cuisson : 25 minutes
Portions : 4

Ingrédients:
- 1 oignon rouge, haché
- 1 cuillère à soupe d'huile d'olive
- 2 gousses d'ail, hachées
- 1 poivron rouge, haché
- 1 poivron vert, haché
- 1 cuillère à soupe de jus de citron
- 1 livre de fleurons de chou-fleur
- 14 onces de tomates en conserve, coupées en dés
- 2 cuillères à café de curry en poudre
- Une pincée de poivre noir
- 2 tasses de crème de coco
- 1 cuillère à soupe de coriandre hachée

Instructions:
1. Faites chauffer une poêle avec l'huile d'olive à feu moyen, ajoutez l'oignon et l'ail, remuez et faites revenir pendant 5 minutes.
2. Ajouter les poivrons et les autres ingrédients, porter à ébullition et cuire à feu moyen pendant 20 minutes.
3. Répartissez le tout dans des bols et servez.

Nutrition: Calories 270, lipides 7,7, fibres 5,4, glucides 12,9, protéines 7

Ragoût de carottes et courgettes

Temps de préparation : 10 minutes
Temps de cuisson : 30 minutes
Portions : 4

Ingrédients:
- 1 oignon jaune, haché
- 2 cuillères à soupe d'huile d'olive
- 2 gousses d'ail, hachées
- 4 courgettes tranchées
- 2 carottes, tranchées
- 1 cuillère à café de paprika doux
- ¼ cuillère à café de poudre de chili
- Une pincée de poivre noir
- ½ tasse de tomates, coupées en dés
- 2 tasses de bouillon de légumes faible en sodium
- 1 cuillère à soupe d'ail, haché
- 1 cuillère à soupe de romarin haché

Instructions:
1. Faites chauffer une poêle avec l'huile d'olive à feu moyen, ajoutez l'oignon et l'ail, remuez et faites revenir pendant 5 minutes.
2. Ajouter les courgettes, les carottes et les autres ingrédients, porter à ébullition et cuire encore 25 minutes.
3. Répartissez le ragoût dans des bols et servez immédiatement pour le déjeuner.

Nutrition: Calories 272, lipides 4,6, fibres 4,7, glucides 14,9, protéines 9

Ragoût de chou frisé et haricots verts

Temps de préparation : 10 minutes
Temps de cuisson : 25 minutes
Portions : 4

Ingrédients:
- 2 cuillères à soupe d'huile d'olive
- 1 tête de chou rouge hachée
- 1 oignon rouge, haché
- 1 livre de haricots verts, parés et coupés en deux
- 2 gousses d'ail, hachées
- 7 onces de tomates en conserve, coupées en dés sans sel
- 2 tasses de bouillon de légumes faible en sodium
- Une pincée de poivre noir
- 1 cuillère à soupe d'aneth haché

Instructions:
1. Faites chauffer une poêle avec l'huile d'olive à feu moyen, ajoutez l'oignon et l'ail, remuez et faites revenir pendant 5 minutes.
2. Ajoutez le chou et les autres ingrédients, remuez, couvrez et laissez cuire à feu moyen pendant 20 minutes.
3. Répartir dans des bols et servir pour le déjeuner.

Nutrition: calories 281, lipides 8,5, fibres 7,1, glucides 14,9, protéines 6,7

Soupe aux champignons

Temps de préparation : 5 minutes
Temps de cuisson : 30 minutes
Portions : 4

Ingrédients:
- 1 oignon jaune, haché
- 1 cuillère à soupe d'huile d'olive
- 1 poivron rouge, haché
- 1 cuillère à café de poudre de chili
- ½ cuillère à café de poivre
- 4 gousses d'ail, hachées
- 1 livre de cèpes, tranchés
- 6 tasses de bouillon de légumes faible en sodium
- 1 tasse de tomate, hachée
- ½ cuillère à soupe de persil haché

Instructions:
1. Faites chauffer une poêle avec l'huile d'olive à feu moyen, ajoutez l'oignon, le piment, le piment, le piment et l'ail, remuez et faites revenir pendant 5 minutes.
2. Ajoutez les champignons, remuez et laissez cuire encore 5 minutes.
3. Ajoutez le reste des ingrédients, portez à ébullition et laissez cuire à feu moyen pendant 20 minutes.
4. Répartissez la soupe dans des bols et servez.

Nutrition: Calories 290, lipides 6,6, fibres 4,6, glucides 16,9, protéines 10

porc chili

Temps de préparation : 10 minutes
Temps de cuisson : 30 minutes
Portions : 4

Ingrédients:
- 2 livres de porc à ragoût, coupé en dés
- 2 cuillères à soupe de pâte de piment
- 1 oignon jaune, haché
- 2 gousses d'ail, hachées
- 1 cuillère à soupe d'huile d'olive
- 2 tasses de bouillon de bœuf faible en sodium
- 1 cuillère à soupe d'origan haché

Instructions:
1. Faites chauffer une poêle avec l'huile d'olive à feu moyen-vif, ajoutez l'oignon et l'ail, remuez et faites revenir pendant 5 minutes.
2. Ajoutez la viande et laissez cuire encore 5 minutes.
3. Ajoutez le reste des ingrédients, portez à ébullition et laissez cuire encore 20 minutes à feu moyen.
4. Répartissez le mélange dans les bols et servez.

Nutrition: Calories 363, lipides 8,6, fibres 7, glucides 17,3, protéines 18,4

Salade de champignons au poivre et au saumon

Temps de préparation : 10 minutes
Temps de cuisson : 20 minutes
Portions : 4

Ingrédients:
- 10 oz de saumon fumé, faible en sodium, désossé, sans peau et coupé en cubes
- 2 oignons verts, hachés
- 2 poivrons rouges, hachés
- 1 cuillère à soupe d'huile d'olive
- ½ cuillère à café d'origan séché
- ½ cuillère à café de paprika fumé
- Une pincée de poivre noir
- 8 onces de cèpes, tranchés
- 1 cuillère à soupe de jus de citron
- 1 tasse d'olives noires dénoyautées et coupées en deux
- 1 cuillère à soupe de persil haché

Instructions:
1. Faites chauffer une poêle avec l'huile d'olive à feu moyen, ajoutez l'oignon et le piment, remuez et faites revenir pendant 4 minutes.
2. Ajoutez les champignons, remuez et faites revenir 5 minutes.
3. Ajoutez le saumon et les autres ingrédients, mélangez, faites bouillir le tout encore 10 minutes, répartissez dans des bols et servez pour le déjeuner.

Nutrition: calories 321, lipides 8,5, fibres 8, glucides 22,2, protéines 13,5

Un mélange de pois chiches et de pommes de terre

Temps de préparation : 10 minutes
Temps de cuisson : 30 minutes
Portions : 4

Ingrédients:
- 2 cuillères à soupe d'huile d'olive
- 1 tasse de pois chiches en conserve non salés, égouttés et rincés
- 1 livre de patate douce, pelée et tranchée
- 4 gousses d'ail, hachées
- 2 échalotes hachées
- 1 tasse de tomates en conserve, non salées et hachées
- 1 cuillère à café de coriandre moulue
- 2 tomates hachées
- 1 tasse de bouillon de légumes faible en sodium
- Une pincée de poivre noir
- 1 cuillère à soupe de jus de citron
- 1 cuillère à soupe de coriandre hachée

Instructions:
1. Faites chauffer une poêle avec l'huile d'olive à feu moyen, ajoutez les échalotes et l'ail, remuez et faites revenir pendant 5 minutes.
2. Ajouter les pois chiches, les pommes de terre et les autres ingrédients, porter à ébullition et cuire à feu moyen pendant 25 minutes.

3. Répartissez le tout dans des bols et servez pour le déjeuner.

Nutrition: Calories 341, lipides 11,7, fibres 6, glucides 14,9, protéines 18,7

Mélange de poulet à la cardamome

Temps de préparation : 10 minutes
Temps de cuisson : 30 minutes
Portions : 4

Ingrédients:
- 1 cuillère à soupe d'huile d'olive
- 1 livre de poitrine de poulet sans peau, désossée et coupée en cubes
- 1 échalote hachée
- 1 cuillère à soupe de gingembre, râpé
- 2 gousses d'ail, hachées
- 1 cuillère à café de cardamome moulue
- ½ cuillère à café de poudre de curcuma
- 1 cuillère à café de jus de citron
- 1 tasse de bouillon de poulet faible en sodium
- 1 cuillère à soupe de coriandre hachée

Instructions:
1. Faites chauffer une poêle avec l'huile d'olive à feu moyen, ajoutez l'échalote, le gingembre, l'ail, la cardamome et le safran, remuez et faites revenir 5 minutes.
2. Ajouter la viande et cuire 5 minutes.
3. Ajoutez le reste des ingrédients, portez le tout à ébullition et laissez cuire 20 minutes.
4. Répartissez le mélange dans les bols et servez.

Nutrition: Calories 175, lipides 6,5, fibres 0,5, glucides 3,3, protéines 24,7

lentilles au piment

Temps de préparation : 10 minutes
Temps de cuisson : 35 minutes
Portions : 6

Ingrédients:
- 1 poivron vert, haché
- 1 cuillère à soupe d'huile d'olive
- 2 ciboulette hachée
- 2 gousses d'ail, hachées
- 24 onces de lentilles en conserve, non salées, égouttées et rincées
- 2 tasses de bouillon de légumes
- 2 cuillères à soupe de poudre de chili, légère
- ½ cuillère à café de poudre de chipotle
- 30 onces de tomates en conserve, non salées, hachées
- Une pincée de poivre noir

Instructions:
1. Faites chauffer une poêle avec l'huile d'olive à feu moyen, ajoutez l'oignon et l'ail, remuez et faites revenir pendant 5 minutes.
2. Ajouter les poivrons, les lentilles et les autres ingrédients, porter à ébullition et cuire à feu moyen pendant 30 minutes.
3. Répartissez le chili dans des bols et servez pour le déjeuner.

Nutrition: Calories 466, lipides 5, fibres 37,6, glucides 77,9, protéines 31,2

endives au romarin

Temps de préparation : 10 minutes
Temps de cuisson : 20 minutes
Portions : 4

Ingrédients:
- 2 endives coupées dans le sens de la longueur
- 2 cuillères à soupe d'huile d'olive
- 1 cuillère à café de romarin séché
- ½ cuillère à café de poudre de curcuma
- Une pincée de poivre noir

Instructions:
1. Mélanger les endives avec l'huile et les autres ingrédients dans un plat allant au four, mélanger délicatement, mettre au four et cuire au four à 400 degrés F pendant 20 minutes.
2. Répartir dans les assiettes et servir en accompagnement.

Nutrition: Calories 66, lipides 7,1, fibres 1, glucides 1,2, protéines 0,3

endives au citron

Temps de préparation : 10 minutes
Temps de cuisson : 20 minutes
Portions : 4

Ingrédients:
- 4 endives, coupées en deux dans le sens de la longueur
- 1 cuillère à soupe de jus de citron
- 1 cuillère à soupe de zeste de citron, râpé
- 2 cuillères à soupe de parmesan faible en gras, râpé
- 2 cuillères à soupe d'huile d'olive
- Une pincée de poivre noir

Instructions:
1. Dans un plat allant au four, ajoutez les endives avec le jus de citron et les autres ingrédients, sauf le parmesan, et mélangez.
2. Saupoudrer de parmesan, rôtir les endives à 400 degrés F pendant 20 minutes, répartir dans les assiettes et servir en accompagnement.

Nutrition: Calories 71, lipides 7,1, fibres 0,9, glucides 2,3, protéines 0,9

pesto d'asperges

Temps de préparation : 10 minutes
Temps de cuisson : 20 minutes
Portions : 4

Ingrédients:
- 1 livre d'asperges, parées
- 2 cuillères à soupe de pesto de basilic
- 1 cuillère à soupe de jus de citron
- Une pincée de poivre noir
- 3 cuillères à soupe d'huile d'olive
- 2 cuillères à soupe de coriandre hachée

Instructions:
1. Disposez les asperges sur une plaque à pâtisserie, ajoutez le pesto et les autres ingrédients, mélangez, mettez au four et faites cuire au four à 400 degrés F pendant 20 minutes.
2. Répartir dans les assiettes et servir en accompagnement.

Nutrition: Calories 114, lipides 10,7, fibres 2,4, glucides 4,6, protéines 2,6

carotte au paprika

Temps de préparation : 10 minutes
Temps de cuisson : 30 minutes
Portions : 4

Ingrédients:
- 1 livre de mini-carottes, parées
- 1 cuillère à soupe de paprika doux
- 1 cuillère à café de jus de citron
- 3 cuillères à soupe d'huile d'olive
- Une pincée de poivre noir
- 1 cuillère à café de graines de sésame

Instructions:
1. Disposez les carottes sur une plaque à pâtisserie recouverte de papier sulfurisé, ajoutez le paprika et les autres ingrédients sauf les graines de sésame, mélangez, enfournez et enfournez à 400 degrés F pendant 30 minutes.
2. Répartissez les carottes dans les assiettes, saupoudrez de graines de sésame et servez en accompagnement.

Nutrition: Calories 142, lipides 11,3, fibres 4,1, glucides 11,4, protéines 1,2

cocotte de pommes de terre crémeuse

Temps de préparation : 10 minutes
Temps de cuisson : 1 heure
Portions : 8

Ingrédients:
- 1 livre de pommes de terre dorées, pelées et coupées en dés
- 2 cuillères à soupe d'huile d'olive
- 1 oignon rouge, haché
- 2 gousses d'ail, hachées
- 2 tasses de crème de coco
- 1 cuillère à soupe de thym haché
- ¼ cuillère à café de muscade moulue
- ½ tasse de parmesan faible en gras, râpé

Instructions:
1. Faites chauffer une poêle avec de l'huile d'olive à feu moyen, ajoutez l'oignon et l'ail et faites revenir 5 minutes.
2. Ajoutez les pommes de terre et laissez cuire encore 5 minutes.
3. Versez la crème et les autres ingrédients, mélangez délicatement, portez à ébullition et laissez cuire encore 40 minutes à feu moyen.
4. Répartissez le mélange dans les assiettes et servez en accompagnement.

Nutrition: calories 230, lipides 19,1, fibres 3,3, glucides 14,3, protéines 3,6

chou au sésame

Temps de préparation : 10 minutes
Temps de cuisson : 20 minutes
Portions : 4

Ingrédients:
- 1 livre de chou vert, haché grossièrement
- 2 cuillères à soupe d'huile d'olive
- Une pincée de poivre noir
- 1 échalote hachée
- 2 gousses d'ail, hachées
- 2 cuillères à soupe de vinaigre balsamique
- 2 cuillères à café de poivre
- 1 cuillère à café de graines de sésame

Instructions:
1. Faites chauffer une poêle avec l'huile d'olive à feu moyen, ajoutez les échalotes et l'ail et faites revenir 5 minutes.
2. Ajouter le chou et les autres ingrédients, mélanger, cuire à feu moyen pendant 15 minutes, répartir dans des assiettes et servir.

Nutrition: Calories 101, lipides 7,6, fibres 3,4, glucides 84, protéines 1,9

brocoli coriandre

Temps de préparation : 10 minutes
Temps de cuisson : 30 minutes
Portions : 4

Ingrédients:
- 2 cuillères à soupe d'huile d'olive
- 1 livre de fleurons de brocoli
- 2 gousses d'ail, hachées
- 2 cuillères à soupe de sauce au poivre
- 1 cuillère à soupe de jus de citron
- Une pincée de poivre noir
- 2 cuillères à soupe de coriandre hachée

Instructions:
1. Mélanger le brocoli avec l'huile, l'ail et les autres ingrédients dans un plat allant au four, légèrement dorer, mettre au four et cuire au four à 400 degrés F pendant 30 minutes.
2. Répartissez le mélange dans les assiettes et servez en accompagnement.

Nutrition: Calories 103, lipides 7,4, fibres 3, glucides 8,3, protéines 3,4

Chili aux choux de Bruxelles

Temps de préparation : 10 minutes
Temps de cuisson : 25 minutes
Portions : 4

Ingrédients:
- 1 cuillère à soupe d'huile d'olive
- 1 livre de choux de Bruxelles, parés et coupés en deux
- 2 gousses d'ail, hachées
- ½ tasse de mozzarella faible en gras, râpée
- Une pincée de flocons de piment concassé

Instructions:
1. Dans un plat allant au four, ajoutez le chou avec l'huile et les autres ingrédients, sauf le fromage, et mélangez.
2. Saupoudrer de fromage, mettre au four et cuire au four à 400 degrés F pendant 25 minutes.
3. Répartir dans les assiettes et servir en accompagnement.

Nutrition: Calories 91, lipides 4,5, fibres 4,3, glucides 10,9, protéines 5

Choux de Bruxelles et mélange d'oignons verts

Temps de préparation : 10 minutes
Temps de cuisson : 25 minutes
Portions : 4

Ingrédients:
- 2 cuillères à soupe d'huile d'olive
- 1 livre de choux de Bruxelles, parés et coupés en deux
- 3 oignons verts, hachés
- 2 gousses d'ail, hachées
- 1 cuillère à soupe de vinaigre balsamique
- 1 cuillère à soupe de paprika doux
- Une pincée de poivre noir

Instructions:
1. Mélanger les choux de Bruxelles avec l'huile et les autres ingrédients dans un plat allant au four, mélanger et cuire au four à 400 degrés F pendant 25 minutes.
2. Répartissez le mélange dans les assiettes et servez.

Nutrition: Calories 121, lipides 7,6, fibres 5,2, glucides 12,7, protéines 4,4

Purée de chou-fleur

Temps de préparation : 10 minutes
Temps de cuisson : 25 minutes
Portions : 4

Ingrédients:
- 2 livres de fleurons de chou-fleur
- ½ tasse de lait de coco
- Une pincée de poivre noir
- ½ tasse de crème sure faible en gras
- 1 cuillère à soupe de coriandre hachée
- 1 cuillère à soupe d'ail, haché

Instructions:
1. Mettre le chou-fleur dans une casserole, couvrir d'eau, porter à ébullition sur feu moyen, laisser cuire 25 minutes et égoutter.
2. Écrasez le chou-fleur, ajoutez le lait, le poivre noir et la crème, battez bien, répartissez dans des assiettes, saupoudrez du reste des ingrédients et servez.

Nutrition: Calories 188, lipides 13,4, fibres 6,4, glucides 15, protéines 6,1

salade d'avocats

Temps de préparation : 5 minutes
Temps de cuisson : 0 minutes
Portions : 4

Ingrédients:
- 2 cuillères à soupe d'huile d'olive
- 2 avocats pelés, dénoyautés et tranchés
- 1 tasse d'olives kalamata, dénoyautées et coupées en deux
- 1 tasse de tomates, coupées en dés
- 1 cuillère à soupe de gingembre, râpé
- Une pincée de poivre noir
- 2 tasses de bébé roquette
- 1 cuillère à soupe de vinaigre balsamique

Instructions:
1. Dans un bol, mélanger les avocats avec le kalamata et les autres ingrédients, mélanger et servir en accompagnement.

Nutrition: Calories 320, lipides 30,4, fibres 8,7, glucides 13,9, protéines 3

Salade de radis

Temps de préparation : 5 minutes
Temps de cuisson : 0 minutes
Portions : 4

Ingrédients:
- 2 oignons verts, hachés
- 1 livre de radis, coupés en dés
- 2 cuillères à soupe de vinaigre balsamique
- 2 cuillères à soupe d'huile d'olive
- 1 cuillère à café de poudre de chili
- 1 tasse d'olives noires dénoyautées et coupées en deux
- Une pincée de poivre noir

Instructions:
1. Dans un grand saladier, mélanger les radis avec les oignons et les autres ingrédients, mélanger et servir en accompagnement.

Nutrition: Calories 123, lipides 10,8, fibres 3,3, glucides 7, protéines 1,3

Salade de chicorée

Temps de préparation : 5 minutes
Temps de cuisson : 0 minutes
Portions : 4

Ingrédients:
- 2 endives hachées grossièrement
- 1 cuillère à soupe d'aneth haché
- ¼ tasse de jus de citron
- ¼ tasse d'huile d'olive
- 2 tasses de pousses d'épinards
- 2 tomates, coupées en dés
- 1 concombre, tranché
- ½ tasse de noix, hachées

Instructions:
1. Dans un grand bol, mélanger les endives avec les épinards et les autres ingrédients, mélanger et servir en accompagnement.

Nutrition: Calories 238, lipides 22,3, fibres 3,1, glucides 8,4, protéines 5,7

Un mélange d'olives et de maïs

Temps de préparation : 5 minutes
Temps de cuisson : 0 minutes
Portions : 4

Ingrédients:
- 2 cuillères à soupe d'huile d'olive
- 1 cuillère à soupe de vinaigre balsamique
- Une pincée de poivre noir
- 4 tasses de maïs
- 2 tasses d'olives noires dénoyautées et coupées en deux
- 1 oignon rouge, haché
- ½ tasse de tomates cerises, coupées en deux
- 1 cuillère à soupe de basilic haché
- 1 cuillère à soupe de piment jalapeno, haché
- 2 tasses de laitue romaine, hachée

Instructions:
1. Dans un grand bol, mélanger le maïs avec les olives, la salade et les autres ingrédients, bien mélanger, répartir dans les plats et servir en accompagnement.

Nutrition: Calories 290, lipides 16,1, fibres 7,4, glucides 37,6, protéines 6,2

Salade de roquette et pignons de pin

Temps de préparation : 5 minutes
Temps de cuisson : 0 minutes
Portions : 4

Ingrédients:
- ¼ tasse de graines de grenade
- 5 tasses de bébé roquette
- 6 cuillères à soupe d'oignon vert haché
- 1 cuillère à soupe de vinaigre balsamique
- 2 cuillères à soupe d'huile d'olive
- 3 cuillères à soupe de pignons de pin
- ½ échalote hachée

Instructions:
1. Dans un saladier, mélangez la roquette avec la grenade et les autres ingrédients, mélangez et servez.

Nutrition: Calories 120, lipides 11,6, fibres 0,9, glucides 4,2, protéines 1,8

amandes et épinards

Temps de préparation : 10 minutes
Temps de cuisson : 0 minutes
Portions : 4

Ingrédients:
- 2 cuillères à soupe d'huile d'olive
- 2 avocats pelés, dénoyautés et tranchés
- 3 tasses de pousses d'épinards
- ¼ tasse d'amandes grillées et hachées
- 1 cuillère à soupe de jus de citron
- 1 cuillère à soupe de coriandre hachée

Instructions:
1. Dans un bol, mélangez les avocats avec les amandes, les épinards et les autres ingrédients, mélangez et servez en accompagnement.

Nutrition: Calories 181, lipides 4, fibres 4,8, glucides 11,4, protéines 6

Salade de haricots verts et maïs

Temps de préparation : 4 minutes
Temps de cuisson : 0 minutes
Portions : 4

Ingrédients:
- le jus d'1 citron vert
- 2 tasses de laitue romaine, hachée
- 1 tasse de maïs
- ½ livre de haricots verts, blanchis et coupés en deux
- 1 concombre, haché
- 1/3 tasse d'ail, haché

Instructions:
1. Dans un bol, mélanger les haricots verts avec le maïs et les autres ingrédients, mélanger et servir.

Nutrition: Calories 225, lipides 12, fibres 2,4, glucides 11,2, protéines 3,5

Salade d'endives et choux

Temps de préparation : 4 minutes
Temps de cuisson : 0 minutes
Portions : 4

Ingrédients:
- 3 cuillères à soupe d'huile d'olive
- 2 endives, parées et hachées
- 2 cuillères à soupe de jus de citron
- 1 cuillère à soupe de zeste de citron, râpé
- 1 oignon rouge, tranché
- 1 cuillère à soupe de vinaigre balsamique
- 1 livre de chou frisé, râpé
- Une pincée de poivre noir

Instructions:
1. Dans un bol, mélanger les endives avec le chou frisé et les autres ingrédients, bien mélanger et servir froid en accompagnement.

Nutrition: Calories 270, lipides 11,4, fibres 5, glucides 14,3, protéines 5,7

nous mangeons de la salade

Temps de préparation : 5 minutes
Temps de cuisson : 6 minutes
Portions : 4

Ingrédients:
- 2 cuillères à soupe d'huile d'olive
- 2 cuillères à soupe de vinaigre balsamique
- 2 gousses d'ail, hachées
- 3 tasses d'edamames, décortiqués
- 1 cuillère à soupe d'ail, haché
- 2 échalotes hachées

Instructions:
1. Faites chauffer une poêle avec de l'huile à feu moyen, ajoutez les edamames, l'ail et les autres ingrédients, remuez, laissez cuire 6 minutes, répartissez dans les assiettes et servez.

Nutrition: Calories 270, lipides 8,4, fibres 5,3, glucides 11,4, protéines 6

Salade de raisins et d'avocat

Temps de préparation : 5 minutes
Temps de cuisson : 0 minutes
Portions : 4

Ingrédients:
- 2 tasses de pousses d'épinards
- 2 avocats pelés, dénoyautés et hachés grossièrement
- 1 concombre, tranché
- 1 tasse et ½ de raisins crus, coupés en deux
- 2 cuillères à soupe d'huile d'avocat
- 1 cuillère à soupe de vinaigre de cidre
- 2 cuillères à soupe de persil haché
- Une pincée de poivre noir

Instructions:
1. Dans un saladier, mélangez les épinards avec l'avocat et les autres ingrédients, mélangez et servez.

Nutrition: Calories 277, lipides 11,4, fibres 5, glucides 14,6, protéines 4

Aubergines mélangées à l'origan

Temps de préparation : 10 minutes
Temps de cuisson : 20 minutes
Portions : 4

Ingrédients:

- 2 grosses aubergines, tranchées grossièrement
- 1 cuillère à soupe d'origan haché
- ½ tasse de parmesan faible en gras, râpé
- ¼ cuillère à café de poudre d'ail
- 2 cuillères à soupe d'huile d'olive
- Une pincée de poivre noir

Instructions:

1. Mélangez l'aubergine avec l'origan et les autres ingrédients sauf le fromage dans un plat allant au four et mélangez.
2. Saupoudrer de parmesan, mettre au four et cuire au four à 370 degrés F pendant 20 minutes.
3. Répartir dans les assiettes et servir en accompagnement.

Nutrition: Calories 248, lipides 8,4, fibres 4, glucides 14,3, protéines 5,4

mélange de tomates rôties

Temps de préparation : 10 minutes
Temps de cuisson : 20 minutes
Portions : 4

Ingrédients:
- 2 livres de tomates, coupées en deux
- 1 cuillère à soupe de basilic haché
- 3 cuillères à soupe d'huile d'olive
- 1 zeste de citron, râpé
- 3 gousses d'ail hachées
- ¼ tasse de parmesan faible en gras, râpé
- Une pincée de poivre noir

Instructions:
1. Mélangez les tomates avec le basilic et tous les autres ingrédients sauf le fromage dans un plat allant au four et mélangez.
2. Saupoudrer de parmesan, cuire au four à 375 degrés F pendant 20 minutes, répartir dans les assiettes et servir en accompagnement.

Nutrition: Calories 224, lipides 12, fibres 4,3, glucides 10,8, protéines 5,1

champignons au thym

Temps de préparation : 10 minutes
Temps de cuisson : 30 minutes
Portions : 4

Ingrédients:
- 2 livres de cèpes, coupés en deux
- 4 gousses d'ail, hachées
- 2 cuillères à soupe d'huile d'olive
- 1 cuillère à soupe de thym haché
- 2 cuillères à soupe de persil haché
- poivre noir au goût

Instructions:
1. Mélanger les champignons avec l'ail et les autres ingrédients dans un plat allant au four, mélanger, mettre au four et cuire au four à 400 degrés F pendant 30 minutes.
2. Répartir dans les assiettes et servir en accompagnement.

Nutrition: Calories 251, lipides 9,3, fibres 4, glucides 13,2, protéines 6

Ragoût d'épinards et de maïs

Temps de préparation : 10 minutes
Temps de cuisson : 15 minutes
Portions : 4

Ingrédients:
- 1 tasse de maïs
- 1 livre de feuilles d'épinards
- 1 cuillère à café de paprika doux
- 1 cuillère à soupe d'huile d'olive
- 1 oignon jaune, haché
- ½ tasse de basilic, déchiré
- Une pincée de poivre noir
- ½ cuillère à café de flocons de piment rouge

Instructions:
1. Faites chauffer une poêle avec de l'huile à feu moyen, ajoutez l'oignon, remuez et faites revenir 5 minutes.
2. Ajouter le maïs, les épinards et les autres ingrédients, mélanger, cuire encore 10 minutes à feu moyen, répartir dans les assiettes et servir.

Nutrition: calories 201, lipides 13,1, fibres 2,5, glucides 14,4, protéines 3,7

Faire dorer le maïs et la ciboulette

Temps de préparation : 10 minutes
Temps de cuisson : 15 minutes
Portions : 4

Ingrédients:
- 4 tasses de maïs
- 1 cuillère à soupe d'huile d'avocat
- 2 échalotes hachées
- 1 cuillère à café de poudre de chili
- 2 cuillères à soupe de concentré de tomate, non salé
- 3 ciboulette hachée
- Une pincée de poivre noir

Instructions:
1. Faites chauffer une poêle avec l'huile d'olive à feu moyen, ajoutez l'oignon et le piment, remuez et faites revenir pendant 5 minutes.
2. Ajoutez le maïs et les autres ingrédients, remuez, laissez cuire encore 10 minutes, répartissez dans des assiettes et servez en accompagnement.

Nutrition: Calories 259, lipides 11,1, fibres 2,6, glucides 13,2, protéines 3,5

Salade d'épinards et de mangue

Temps de préparation : 10 minutes
Temps de cuisson : 0 minutes
Portions : 4

Ingrédients:
- 1 tasse de mangue, pelée et coupée en dés
- 4 tasses de pousses d'épinards
- 1 cuillère à soupe d'huile d'olive
- 2 ciboulette hachée
- 1 cuillère à soupe de jus de citron
- 1 cuillère à soupe de câpres égouttées, sans sel
- 1/3 tasse d'amandes hachées

Instructions:
1. Dans un bol, mélanger les épinards avec la mangue et les autres ingrédients, remuer et servir.

Nutrition: Calories 200, lipides 7,4, fibres 3, glucides 4,7, protéines 4,4

pomme de terre moutarde

Temps de préparation : 5 minutes
Temps de cuisson : 1 heure
Portions : 4

Ingrédients:
- 1 livre de pommes de terre dorées, pelées et coupées en dés
- 2 cuillères à soupe d'huile d'olive
- Une pincée de poivre noir
- 2 cuillères à soupe de romarin haché
- 1 cuillère à soupe de moutarde de Dijon
- 2 gousses d'ail, hachées

Instructions:
1. Mélangez les pommes de terre avec l'huile et les autres ingrédients dans un plat allant au four, mélangez, mettez au four à 400 degrés F et faites cuire au four environ 1 heure.
2. Répartir dans les assiettes et servir immédiatement en accompagnement.

Nutrition: Calories 237, lipides 11,5, fibres 6,4, glucides 14,2, protéines 9

Choux de Bruxelles à la noix de coco

Temps de préparation : 5 minutes
Temps de cuisson : 30 minutes
Portions : 4

Ingrédients:
- 1 livre de choux de Bruxelles, parés et coupés en deux
- 1 tasse de crème de coco
- 1 cuillère à soupe d'huile d'olive
- 2 échalotes hachées
- Une pincée de poivre noir
- ½ tasse de noix de cajou hachées

Instructions:
1. Dans une casserole, mélanger les pousses avec la crème et le reste des ingrédients, mélanger et enfourner 30 minutes à 350 degrés F.
2. Répartir dans les assiettes et servir en accompagnement.

Nutrition: Calories 270, lipides 6,5, fibres 5,3, glucides 15,9, protéines 3,4

sauge carotte

Temps de préparation : 10 minutes
Temps de cuisson : 30 minutes
Portions : 4

Ingrédients:
- 2 cuillères à soupe d'huile d'olive
- 2 cuillères à café de paprika
- 1 livre de carottes, pelées et hachées grossièrement
- 1 oignon rouge, haché
- 1 cuillère à soupe de sauge hachée
- Une pincée de poivre noir

Instructions:
1. Mélanger les carottes avec l'huile et les autres ingrédients dans un plat allant au four, mélanger et cuire au four à 380 degrés F pendant 30 minutes.
2. Répartir dans les assiettes et servir.

Nutrition: Calories 200, lipides 8,7, fibres 2,5, glucides 7,9, protéines 4

Champignons à l'ail et au maïs

Temps de préparation : 10 minutes
Temps de cuisson : 20 minutes
Portions : 4

Ingrédients:
- 1 livre de cèpes, coupés en deux
- 2 tasses de maïs
- 2 cuillères à soupe d'huile d'olive
- 4 gousses d'ail, hachées
- 1 tasse de tomates en conserve non salées, hachées
- Une pincée de poivre noir
- ½ cuillère à café de poudre de chili

Instructions:
1. Faites chauffer une poêle avec l'huile d'olive à feu moyen, ajoutez les champignons, l'ail et le maïs, remuez et faites revenir 10 minutes.
2. Ajouter le reste des ingrédients, mélanger, cuire à feu moyen encore 10 minutes, répartir dans des assiettes et servir.

Nutrition: Calories 285, lipides 13, fibres 2,2, glucides 14,6, protéines 6,7.

pesto de haricots verts

Temps de préparation : 10 minutes
Temps de cuisson : 15 minutes
Portions : 4

Ingrédients:
- 2 cuillères à soupe de pesto de basilic
- 2 cuillères à café de paprika
- 1 livre de haricots verts, parés et coupés en deux
- 1 jus de citron
- 2 cuillères à soupe d'huile d'olive
- 1 oignon rouge, tranché
- Une pincée de poivre noir

Instructions:
1. Faites chauffer une poêle avec de l'huile à feu moyen, ajoutez l'oignon, remuez et faites revenir 5 minutes.
2. Ajouter les haricots et les autres ingrédients, remuer, cuire à feu moyen pendant 10 minutes, répartir dans les assiettes et servir.

Nutrition: Calories 280, lipides 10, fibres 7,6, glucides 13,9, protéines 4,7

tomate à l'estragon

Temps de préparation : 5 minutes
Temps de cuisson : 0 minutes
Portions : 4

Ingrédients:
- 1 et ½ cuillères à soupe d'huile d'olive
- 1 livre de tomates, tranchées
- 1 cuillère à soupe de jus de citron
- 1 cuillère à soupe de zeste de citron, râpé
- 2 cuillères à soupe d'estragon haché
- Une pincée de poivre noir

Instructions:
1. Dans un bol, mélanger les tomates avec les autres ingrédients, mélanger et servir en salade.

Nutrition: Calories 170, lipides 4, fibres 2,1, glucides 11,8, protéines 6

Betterave Amande

Temps de préparation : 10 minutes
Temps de cuisson : 30 minutes
Portions : 4

Ingrédients:
- 4 betteraves pelées et tranchées
- 3 cuillères à soupe d'huile d'olive
- 2 cuillères à soupe d'amandes hachées
- 2 cuillères à soupe de vinaigre balsamique
- Une pincée de poivre noir
- 2 cuillères à soupe de persil haché

Instructions:
1. Mélangez les betteraves avec l'huile et les autres ingrédients dans un plat allant au four, mélangez, placez au four et faites cuire au four à 400 degrés pendant 30 minutes.
2. Répartissez le mélange dans les assiettes et servez.

Nutrition: Calories 230, lipides 11, fibres 4,2, glucides 7,3, protéines 3,6

Tomate, menthe et maïs

Temps de préparation : 5 minutes
Temps de cuisson : 0 minutes
Portions : 4

Ingrédients:
- 2 cuillères à soupe de menthe hachée
- 1 livre de tomates, tranchées
- 2 tasses de maïs
- 2 cuillères à soupe d'huile d'olive
- 1 cuillère à soupe de vinaigre de romarin
- Une pincée de poivre noir

Instructions:
1. Dans un saladier, mélangez la tomate avec le maïs et les autres ingrédients, mélangez et servez.

Apprécier!

Nutrition: Calories 230, lipides 7,2, fibres 2, glucides 11,6, protéines 4

Sauce courgettes et avocat

Temps de préparation : 5 minutes
Temps de cuisson : 10 minutes
Portions : 4

Ingrédients:
- 2 cuillères à soupe d'huile d'olive
- 2 courgettes, coupées en cubes
- 1 avocat pelé, dénoyauté et haché
- 2 tomates, coupées en dés
- 1 concombre, coupé en dés
- 1 oignon jaune, haché
- 2 cuillères à soupe de jus de citron frais
- 2 cuillères à soupe de coriandre hachée

Instructions:
1. Faites chauffer une poêle avec de l'huile à feu moyen, ajoutez l'oignon et les courgettes, remuez et laissez cuire 5 minutes.
2. Ajouter le reste des ingrédients, mélanger, cuire encore 5 minutes, répartir dans des assiettes et servir.

Nutrition: calories 290, lipides 11,2, fibres 6,1, glucides 14,7, protéines 5,6

Mélange de pommes et choux

Temps de préparation : 5 minutes
Temps de cuisson : 0 minutes
Portions : 4

Ingrédients:
- 2 pommes vertes, épépinées et coupées en dés
- 1 tête de chou rouge hachée
- 2 cuillères à soupe de vinaigre balsamique
- ½ cuillère à café de cumin
- 2 cuillères à soupe d'huile d'olive
- poivre noir au goût

Instructions:
1. Dans un bol, mélanger le chou avec les pommes et les autres ingrédients, mélanger et servir en salade.

Nutrition: Calories 165, lipides 7,4, fibres 7,3, glucides 26, protéines 2,6

betterave rôtie

Temps de préparation : 10 minutes
Temps de cuisson : 30 minutes
Portions : 4

Ingrédients:
- 4 betteraves pelées et tranchées
- 2 cuillères à soupe d'huile d'olive
- 2 gousses d'ail, hachées
- Une pincée de poivre noir
- ¼ tasse de persil, haché
- ¼ tasse de noix, hachées

Instructions:
1. Mélanger les betteraves avec l'huile et le reste des ingrédients dans un plat allant au four, bien mélanger, cuire au four à 420 degrés F, cuire au four pendant 30 minutes, répartir dans les assiettes et servir comme plat d'accompagnement.

Nutrition: Calories 156, lipides 11,8, fibres 2,7, glucides 11,5, protéines 3,8

chou à l'aneth

Temps de préparation : 10 minutes
Temps de cuisson : 15 minutes
Portions : 4

Ingrédients:
- 1 livre de chou vert, haché
- 1 oignon jaune, haché
- 1 tomate, coupée en dés
- 1 cuillère à soupe d'aneth haché
- Une pincée de poivre noir
- 1 cuillère à soupe d'huile d'olive

Instructions:
1. Faites chauffer une poêle avec de l'huile à feu moyen, ajoutez l'oignon et faites revenir 5 minutes.
2. Ajouter le chou et les autres ingrédients, mélanger, cuire à feu moyen pendant 10 minutes, répartir dans des assiettes et servir.

Nutrition: Calories 74, lipides 3,7, fibres 3,7, glucides 10,2, protéines 2,1

Salade de chou et carotte

Temps de préparation : 5 minutes
Temps de cuisson : 0 minutes
Portions : 4

Ingrédients:
- 2 échalotes hachées
- 2 carottes, râpées
- 1 grosse tête de chou rouge, râpée
- 1 cuillère à soupe d'huile d'olive
- 1 cuillère à soupe de vinaigre rouge
- Une pincée de poivre noir
- 1 cuillère à soupe de jus de citron

Instructions:
1. Mélangez le chou frisé avec les échalotes et les autres ingrédients dans un bol, mélangez et servez en salade.

Nutrition: Calories 106, lipides 3,8, fibres 6,5, glucides 18, protéines 3,3

Sauce tomate et olive

Temps de préparation : 10 minutes
Temps de cuisson : 0 minutes
Portions : 6

Ingrédients:
- 1 livre de tomates cerises, coupées en deux
- 2 cuillères à soupe d'huile d'olive
- 1 tasse d'olives kalamata, dénoyautées et coupées en deux
- Une pincée de poivre noir
- 1 oignon rouge, haché
- 1 cuillère à soupe de vinaigre balsamique
- ¼ tasse de coriandre, hachée

Instructions:
1. Mélangez les tomates avec les olives et les autres ingrédients dans un bol, mélangez et servez en salade.

Nutrition: Calories 131, lipides 10,9, fibres 3,1, glucides 9,2, protéines 1,6

Salade de courgettes

Temps de préparation : 4 minutes
Temps de cuisson : 0 minutes
Portions : 4

Ingrédients:
- 2 courgettes tranchées au spiraliseur
- 1 oignon rouge, tranché
- 1 cuillère de pesto de basilic
- 1 cuillère à soupe de jus de citron
- 1 cuillère à soupe d'huile d'olive
- ½ tasse de coriandre, hachée
- poivre noir au goût

Instructions:
1. Dans un saladier, mélangez les courgettes avec l'oignon et les autres ingrédients, mélangez et servez.

Nutrition: Calories 58, lipides 3,8, fibres 1,8, glucides 6, protéines 1,6

Salade de carottes au curry

Temps de préparation : 4 minutes
Temps de cuisson : 0 minutes
Portions : 4

Ingrédients:
- 1 livre de carottes, pelées et grossièrement râpées
- 2 cuillères à soupe d'huile d'avocat
- 2 cuillères à soupe de jus de citron
- 3 cuillères à soupe de graines de sésame
- ½ cuillère à café de curry en poudre
- 1 cuillère à café de romarin séché
- ½ cuillère à café de cumin moulu

Instructions:
1. Mélanger les carottes avec l'huile, le jus de citron et les autres ingrédients dans un bol, mélanger et servir froid en accompagnement.

Nutrition: Calories 99, lipides 4,4, fibres 4,2, glucides 13,7, protéines 2,4

Salade de laitue et betterave

Temps de préparation : 5 minutes
Temps de cuisson : 0 minutes
Portions : 4

Ingrédients:
- 1 cuillère à soupe de gingembre, râpé
- 2 gousses d'ail, hachées
- 4 tasses de laitue romaine, déchirée
- 1 betterave pelée et râpée
- 2 oignons verts, hachés
- 1 cuillère à soupe de vinaigre balsamique
- 1 cuillère à soupe de graines de sésame

Instructions:
1. Dans un bol, mélanger la salade avec le gingembre, l'ail et les autres ingrédients, mélanger et servir en accompagnement.

Nutrition: Calories 42, lipides 1,4, fibres 1,5, glucides 6,7, protéines 1,4

radis aux herbes

Temps de préparation : 5 minutes
Temps de cuisson : 0 minutes
Portions : 4

Ingrédients:
- 1 livre de radis rouges, hachés grossièrement
- 1 cuillère à soupe d'ail, haché
- 1 cuillère à soupe de persil haché
- 1 cuillère à soupe d'origan haché
- 2 cuillères à soupe d'huile d'olive
- 1 cuillère à soupe de jus de citron
- poivre noir au goût

Instructions:
1. Dans un saladier, mélangez les radis avec la ciboulette et les autres ingrédients, mélangez et servez.

Nutrition: Calories 85, lipides 7,3, fibres 2,4, glucides 5,6, protéines 1

Mélange de fenouil rôti

Temps de préparation : 5 minutes
Temps de cuisson : 20 minutes
Portions : 4

Ingrédients:
- 2 bulbes de fenouil hachés
- 1 cuillère à café de paprika doux
- 1 petit oignon rouge, haché
- 2 cuillères à soupe d'huile d'olive
- 2 cuillères à soupe de jus de citron
- 2 cuillères à soupe d'aneth haché
- poivre noir au goût

Instructions:
1. Dans une casserole, mélanger le fenouil avec le paprika et les autres ingrédients, mélanger et enfourner à 380 degrés F pendant 20 minutes.
2. Répartissez le mélange dans les assiettes et servez.

Nutrition: Calories 114, lipides 7,4, fibres 4,5, glucides 13,2, protéines 2,1

Poivrons rôtis

Temps de préparation : 10 minutes
Temps de cuisson : 30 minutes
Portions : 4

Ingrédients:
- 1 livre de poivrons mélangés, tranchés
- 1 oignon rouge, tranché finement
- 2 cuillères à soupe d'huile d'olive
- poivre noir au goût
- 1 cuillère à soupe d'origan haché
- 2 cuillères à soupe de feuilles de menthe hachées

Instructions:
1. Mélangez les poivrons avec les oignons et les autres ingrédients dans une poêle, mélangez et faites cuire à 380 degrés F pendant 30 minutes.
2. Répartissez le mélange dans les assiettes et servez.

Nutrition: Calories 240, lipides 8,2, fibres 4,2, glucides 11,3, protéines 5,6

Ragoût de dattes et de chou frisé

Temps de préparation : 5 minutes
Temps de cuisson : 15 minutes
Portions : 4

Ingrédients:

- 1 livre de chou rouge, haché
- 8 dattes dénoyautées et tranchées
- 2 cuillères à soupe d'huile d'olive
- ¼ tasse de bouillon de légumes faible en sodium
- 2 cuillères à soupe d'ail, haché
- 2 cuillères à soupe de jus de citron
- poivre noir au goût

Instructions:

1. Faites chauffer une poêle avec de l'huile à feu moyen, ajoutez le chou et les dattes, remuez et laissez cuire 4 minutes.
2. Versez le bouillon et les autres ingrédients, mélangez, laissez cuire encore 11 minutes à feu moyen, répartissez dans des assiettes et servez.

Nutrition: Calories 280, lipides 8,1, fibres 4,1, glucides 8,7, protéines 6,3

mélange de haricots noirs

Temps de préparation : 4 minutes
Temps de cuisson : 0 minutes
Portions : 4

Ingrédients:
- 3 tasses de haricots noirs en conserve, non salés, égouttés et rincés
- 1 tasse de tomates cerises, coupées en deux
- 2 échalotes hachées
- 3 cuillères à soupe d'huile d'olive
- 1 cuillère à soupe de vinaigre balsamique
- poivre noir au goût
- 1 cuillère à soupe d'ail, haché

Instructions:
1. Mélangez les haricots avec la tomate et les autres ingrédients dans un bol, mélangez et servez froid en accompagnement.

Nutrition: Calories 310, lipides 11,0, fibres 5,3, glucides 19,6, protéines 6,8

Un mélange d'olives et d'endives

Temps de préparation : 4 minutes
Temps de cuisson : 0 minutes
Portions : 4

Ingrédients:
- 2 ciboulette hachée
- 2 endives hachées
- 1 tasse d'olives noires dénoyautées et tranchées
- ½ tasse d'olives Kalamata, dénoyautées et tranchées
- ¼ tasse de vinaigre de cidre de pomme
- 2 cuillères à soupe d'huile d'olive
- 1 cuillère à soupe de coriandre hachée

Instructions:
1. Mélangez les endives avec les olives et les autres ingrédients dans un bol, mélangez et servez.

Nutrition: calories 230, lipides 9,1, fibres 6,3, glucides 14,6, protéines 7,2

Salade de tomate et de cocombre

Temps de préparation : 5 minutes
Temps de cuisson : 0 minutes
Portions : 4

Ingrédients:
- ½ kilo de tomates en dés
- 2 concombres, tranchés
- 1 cuillère à soupe d'huile d'olive
- 2 ciboulette hachée
- poivre noir au goût
- le jus d'1 citron vert
- ½ tasse de basilic, haché

Instructions:
1. Dans un saladier, mélanger les tomates avec les concombres et les autres ingrédients, mélanger et servir froid.

Nutrition: Calories 224, lipides 11,2, fibres 5,1, glucides 8,9, protéines 6,2

Salade de poivrons et carottes

Temps de préparation : 5 minutes
Temps de cuisson : 0 minutes
Portions : 4

Ingrédients:
- 1 tasse de tomates cerises, coupées en deux
- 1 poivron jaune, haché
- 1 poivron rouge, haché
- 1 poivron vert, haché
- ½ livre de carottes, râpées
- 3 cuillères à soupe de vinaigre de vin rouge
- 2 cuillères à soupe d'huile d'olive
- 1 cuillère à soupe de coriandre hachée
- poivre noir au goût

Instructions:
1. Dans un saladier, mélanger les tomates avec le poivron, les carottes et les autres ingrédients, mélanger et servir en salade.

Nutrition: Calories 123, lipides 4, fibres 8,4, glucides 14,4, protéines 1,1

Un mélange de haricots noirs et de riz

Temps de préparation : 10 minutes
Temps de cuisson : 30 minutes
Portions : 4

Ingrédients:
- 2 cuillères à soupe d'huile d'olive
- 1 oignon jaune, haché
- 1 tasse de haricots noirs en conserve non salés, égouttés et rincés
- 2 tasses de riz noir
- 4 tasses de bouillon de poulet faible en sodium
- 2 cuillères à soupe de thym haché
- ½ zeste de citron, râpé
- Une pincée de poivre noir

Instructions:
1. Faites chauffer une poêle avec de l'huile d'olive à feu moyen, ajoutez l'oignon, remuez et faites revenir 4 minutes.
2. Ajoutez les haricots, le riz et les autres ingrédients, remuez, portez à ébullition et laissez cuire à feu moyen pendant 25 minutes.
3. Remuez le mélange, répartissez dans les assiettes et servez.

Nutrition: Calories 290, lipides 15,3, fibres 6,2, glucides 14,6, protéines 8

Un mélange de riz et de chou-fleur

Temps de préparation : 10 minutes
Temps de cuisson : 25 minutes
Portions : 4

Ingrédients:
- 1 tasse de fleurons de chou-fleur
- 1 tasse de riz blanc
- 2 tasses de bouillon de poulet faible en sodium
- 1 cuillère à soupe d'huile d'avocat
- 2 échalotes hachées
- ¼ tasse de canneberges
- ½ tasse d'amandes tranchées

Instructions:
1. Faites chauffer une poêle avec l'huile d'olive à feu moyen, ajoutez les échalotes, remuez et faites revenir 5 minutes.
2. Ajoutez le chou-fleur, le riz et les autres ingrédients, remuez, portez à ébullition et laissez cuire à feu moyen pendant 20 minutes.
3. Répartissez le mélange dans les assiettes et servez.

Nutrition: Calories 290, lipides 15,1, fibres 5,6, glucides 7, protéines 4,5

mélange de haricots balsamiques

Temps de préparation : 10 minutes
Temps de cuisson : 0 minutes
Portions : 4

Ingrédients:
- 2 tasses de haricots noirs en conserve, non salés, égouttés et rincés
- 2 tasses de haricots blancs en conserve, non salés, égouttés et rincés
- 2 cuillères à soupe de vinaigre balsamique
- 2 cuillères à soupe d'huile d'olive
- 1 cuillère à café d'origan séché
- 1 cuillère à café de basilic séché
- 1 cuillère à soupe d'ail, haché

Instructions:
1. Dans un saladier, saupoudrez les haricots avec le vinaigre et les autres ingrédients, mélangez et servez en salade.

Nutrition: Calories 322, lipides 15,1, fibres 10, glucides 22,0, protéines 7

betterave crémeuse

Temps de préparation : 5 minutes
Temps de cuisson : 20 minutes
Portions : 4

Ingrédients:
- 1 livre de betteraves, pelées et coupées en dés
- 1 oignon rouge, haché
- 1 cuillère à soupe d'huile d'olive
- ½ tasse de crème de coco
- 4 cuillères à soupe de yaourt faible en gras
- 1 cuillère à soupe d'ail, haché

Instructions:
1. Faites chauffer une poêle avec de l'huile d'olive à feu moyen, ajoutez l'oignon, remuez et faites revenir 4 minutes.
2. Ajouter la betterave, la crème sure et les autres ingrédients, mélanger, cuire à feu moyen encore 15 minutes, répartir dans des assiettes et servir.

Nutrition: Calories 250, lipides 13,4, fibres 3, glucides 13,3, protéines 6,4

Mélange d'avocat et de poivre

Temps de préparation : 10 minutes
Temps de cuisson : 14 minutes
Portions : 4

Ingrédients:

- 1 cuillère à soupe d'huile d'avocat
- 1 cuillère à café de paprika doux
- 1 livre de poivrons mélangés, coupés en lanières
- 1 avocat pelé, dénoyauté et coupé en deux
- 1 cuillère à café de poudre d'ail
- 1 cuillère à café de romarin séché
- ½ tasse de bouillon de légumes faible en sodium
- poivre noir au goût

Instructions:

1. Faites chauffer une poêle avec de l'huile d'olive à feu moyen, ajoutez tous les poivrons, mélangez et faites revenir 5 minutes.
2. Ajouter le reste des ingrédients, mélanger, cuire encore 9 minutes à feu moyen, répartir dans des assiettes et servir.

Nutrition: Calories 245, lipides 13,8, fibres 5, glucides 22,5, protéines 5,4

Patates douces et betteraves rôties

Temps de préparation : 10 minutes
Temps de cuisson : 1 heure
Portions : 4

Ingrédients:

- 3 cuillères à soupe d'huile d'olive
- 2 patates douces, pelées et coupées en quartiers
- 2 betteraves pelées et tranchées
- 1 cuillère à soupe d'origan haché
- 1 cuillère à soupe de jus de citron
- poivre noir au goût

Instructions:

1. Disposez les patates douces et les betteraves sur une plaque à pâtisserie tapissée, ajoutez le reste des ingrédients, mélangez, mettez au four et faites cuire au four à 375 degrés F pendant 1 heure.
2. Répartir dans les assiettes et servir en accompagnement.

Nutrition: Calories 240, lipides 11,2, fibres 4, glucides 8,6, protéines 12,1

chou braisé

Temps de préparation : 10 minutes
Temps de cuisson : 15 minutes
Portions : 4

Ingrédients:
- 2 cuillères à soupe d'huile d'olive
- 3 cuillères à soupe d'acides aminés de noix de coco
- 1 livre de chou frisé, râpé
- 1 oignon rouge, haché
- 2 gousses d'ail, hachées
- 1 cuillère à soupe de jus de citron
- 1 cuillère à soupe de coriandre hachée

Instructions:
1. Faites chauffer une poêle avec de l'huile d'olive à feu moyen, ajoutez l'oignon et l'ail et faites revenir 5 minutes.
2. Ajouter le chou et les autres ingrédients, remuer, cuire à feu moyen pendant 10 minutes, répartir dans les assiettes et servir.

Nutrition: Calories 200, lipides 7,1, fibres 2, glucides 6,4, protéines 6

carottes assaisonnées

Temps de préparation : 10 minutes
Temps de cuisson : 20 minutes
Portions : 4

Ingrédients:
- 1 cuillère à soupe de jus de citron
- 1 cuillère à soupe d'huile d'olive
- ½ cuillère à café de piment de la Jamaïque moulu
- ½ cuillère à café de cumin moulu
- ½ cuillère à café de muscade moulue
- 1 livre de mini-carottes, parées
- 1 cuillère à soupe de romarin haché
- poivre noir au goût

Instructions:
1. Mélangez les carottes avec le jus de citron, l'huile et les autres ingrédients dans une casserole, remuez, mettez au four et faites cuire au four à 400 degrés F pendant 20 minutes.
2. Répartir dans les assiettes et servir.

Nutrition: Calories 260, lipides 11,2, fibres 4,5, glucides 8,3, protéines 4,3

artichauts au citron

Temps de préparation : 10 minutes
Temps de cuisson : 20 minutes
Portions : 4

Ingrédients:
- 2 cuillères à soupe de jus de citron
- 4 artichauts, parés et coupés en deux
- 1 cuillère à soupe d'aneth haché
- 2 cuillères à soupe d'huile d'olive
- Une pincée de poivre noir

Instructions:
1. Mélanger les artichauts avec le jus de citron et les autres ingrédients dans une poêle, mélanger délicatement et cuire au four à 400 degrés F pendant 20 minutes. Répartir dans les assiettes et servir.

Nutrition: Calories 140, lipides 7,3, fibres 8,9, glucides 17,7, protéines 5,5

Brocoli, haricots et riz

Temps de préparation : 10 minutes
Temps de cuisson : 30 minutes
Portions : 4

Ingrédients:
- 1 tasse de fleurons de brocoli hachés
- 1 tasse de haricots noirs en conserve, non salés, égouttés
- 1 tasse de riz blanc
- 2 tasses de bouillon de poulet faible en sodium
- 2 cuillères à café de paprika
- poivre noir au goût

Instructions:
1. Versez le bouillon dans une casserole, mettez sur feu moyen, ajoutez le riz et les autres ingrédients, remuez, portez à ébullition et laissez cuire 30 minutes en remuant de temps en temps.
2. Répartissez le mélange dans les assiettes et servez en accompagnement.

Nutrition: Calories 347, lipides 1,2, fibres 9, glucides 69,3, protéines 15,1

Mélange de citrouille rôtie

Temps de préparation : 10 minutes
Temps de cuisson : 45 minutes
Portions : 4

Ingrédients:
- 2 cuillères à soupe d'huile d'olive
- 2 livres de citrouille, pelée et tranchée
- 1 cuillère à soupe de jus de citron
- 1 cuillère à café de poudre de chili
- 1 cuillère à café de poudre d'ail
- 2 cuillères à café de coriandre hachée
- Une pincée de poivre noir

instructions
1. Mélangez la courge musquée avec l'huile et les autres ingrédients dans une casserole, remuez doucement, faites cuire au four à 400 degrés F pendant 45 minutes, répartissez dans les assiettes et servez comme plat d'accompagnement.

Nutrition: Calories 167, lipides 7,4, fibres 4,9, glucides 27,5, protéines 2,5

asperges crémeuses

Temps de préparation : 5 minutes
Temps de cuisson : 20 minutes
Portions : 4

Ingrédients:
- ½ cuillère à café de muscade moulue
- 1 livre d'asperges, parées et coupées en deux
- 1 tasse de crème de coco
- 1 oignon jaune, haché
- 2 cuillères à soupe d'huile d'olive
- 1 cuillère à soupe de jus de citron
- 1 cuillère à soupe de coriandre hachée

Instructions:
1. Faites chauffer une poêle avec l'huile d'olive à feu moyen, ajoutez l'oignon et la muscade, remuez et faites revenir 5 minutes.
2. Ajouter les asperges et les autres ingrédients, remuer, porter à ébullition et cuire à feu moyen pendant 15 minutes.
3. Répartir dans les assiettes et servir.

Nutrition: Calories 236, lipides 21,6, fibres 4,4, glucides 11,4, protéines 4,2

Mélange de navets et basilic

Temps de préparation : 10 minutes
Temps de cuisson : 15 minutes
Portions : 4

Ingrédients:
- 1 cuillère à soupe d'huile d'avocat
- 4 navets, tranchés
- ¼ tasse de basilic, haché
- poivre noir au goût
- ¼ tasse de bouillon de légumes faible en sodium
- ½ tasse de noix, hachées
- 2 gousses d'ail, hachées

Instructions:
1. Faites chauffer une poêle avec de l'huile d'olive à feu moyen, ajoutez l'ail et les navets et faites revenir 5 minutes.
2. Ajouter le reste des ingrédients, mélanger, cuire encore 10 minutes, répartir dans des assiettes et servir.

Nutrition: Calories 140, lipides 9,7, fibres 3,3, glucides 10,5, protéines 5

Un mélange de riz et de câpres

Temps de préparation : 10 minutes
Temps de cuisson : 20 minutes
Portions : 4

Ingrédients:
- 1 tasse de riz blanc
- 1 cuillère à soupe de câpres hachées
- 2 tasses de bouillon de poulet faible en sodium
- 1 oignon rouge, haché
- 1 cuillère à soupe d'huile d'avocat
- 1 cuillère à soupe de coriandre hachée
- 1 cuillère à café de paprika doux

Instructions:
1. Faites chauffer une poêle avec de l'huile à feu moyen, ajoutez l'oignon, remuez et faites revenir 5 minutes.
2. Ajoutez le riz, les câpres et les autres ingrédients, remuez, portez à ébullition et laissez cuire 15 minutes.
3. Répartissez le mélange dans les assiettes et servez en accompagnement.

Nutrition: Calories 189, lipides 0,9, fibres 1,6, glucides 40,2, protéines 4,3

Un mélange d'épinards et de chou

Temps de préparation : 5 minutes
Temps de cuisson : 15 minutes
Portions : 4

Ingrédients:
- 2 tasses de pousses d'épinards
- 5 tasses de chou, haché
- 2 échalotes hachées
- 2 gousses d'ail, hachées
- 1 tasse de tomates en conserve non salées, hachées
- 1 cuillère à soupe d'huile d'olive

Instructions:
1. Faites chauffer une poêle avec l'huile d'olive à feu moyen, ajoutez les échalotes, remuez et faites revenir 5 minutes.
2. Ajoutez les épinards, le chou frisé et les autres ingrédients, remuez, laissez cuire encore 10 minutes, répartissez dans les assiettes et servez en accompagnement.

Nutrition: Calories 89, lipides 3,7, fibres 2,2, glucides 12,4, protéines 3,6

Mélange de crevettes et d'ananas

Temps de préparation : 10 minutes
Temps de cuisson : 10 minutes
Portions : 4

Ingrédients:
- 1 cuillère à soupe d'huile d'olive
- 1 livre de crevettes, décortiquées et éviscérées
- 1 tasse d'ananas pelé et haché
- 1 jus de citron
- Un brin de persil haché

Instructions:
1. Faites chauffer une poêle avec de l'huile à feu moyen, ajoutez les crevettes et faites cuire 3 minutes de chaque côté.
2. Ajouter le reste des ingrédients, cuire encore 4 minutes, répartir dans des bols et servir.

Nutrition: Calories 254, lipides 13,3, fibres 6, glucides 14,9, protéines 11

Saumon et olives vertes

Temps de préparation : 10 minutes
Temps de cuisson : 20 minutes
Portions : 4

Ingrédients:
- 1 oignon jaune, haché
- 1 tasse d'olives vertes, dénoyautées et coupées en deux
- 1 cuillère à café de poudre de chili
- poivre noir au goût
- 2 cuillères à soupe d'huile d'olive
- ¼ tasse de bouillon de légumes faible en sodium
- 4 filets de saumon sans peau et désossés
- 2 cuillères à soupe d'ail, haché

Instructions:
1. Faites chauffer une poêle avec de l'huile à feu moyen, ajoutez l'oignon et faites revenir 3 minutes.
2. Ajouter le saumon et cuire 5 minutes de chaque côté. Ajouter le reste des ingrédients, cuire encore 5 minutes, répartir dans les assiettes et servir.

Nutrition: Calories 221, lipides 12,1, fibres 5,4, glucides 8,5, protéines 11,2

saumon et fenouil

Temps de préparation : 5 minutes
Temps de cuisson : 15 minutes
Portions : 4

Ingrédients:
- 4 filets de saumon moyens, sans peau et désossés
- 1 bulbe de fenouil, haché
- ½ tasse de bouillon de légumes faible en sodium
- 2 cuillères à soupe d'huile d'olive
- poivre noir au goût
- ¼ tasse de bouillon de légumes faible en sodium
- 1 cuillère à soupe de jus de citron
- 1 cuillère à soupe de coriandre hachée

Instructions:
1. Faites chauffer une poêle avec l'huile d'olive à feu moyen, ajoutez le fenouil et faites revenir 3 minutes.
2. Ajoutez le poisson et faites cuire 4 minutes de chaque côté.
3. Ajouter le reste des ingrédients, cuire encore 4 minutes, répartir dans des assiettes et servir.

Nutrition: Calories 252, lipides 9,3, fibres 4,2, glucides 12,3, protéines 9

morue et asperges

Temps de préparation : 10 minutes
Temps de cuisson : 14 minutes
Portions : 4

Ingrédients:
- 1 cuillère à soupe d'huile d'olive
- 1 oignon rouge, haché
- 1 livre de filets de morue, désossés
- 1 botte d'asperges, parées
- poivre noir au goût
- 1 tasse de crème de coco
- 1 cuillère à soupe d'ail, haché

Instructions:
1. Faites chauffer une poêle avec l'huile d'olive à feu moyen, ajoutez l'oignon et la morue et faites revenir 3 minutes de chaque côté.
2. Ajouter le reste des ingrédients, cuire encore 8 minutes, répartir dans des assiettes et servir.

Nutrition: Calories 254, lipides 12,1, fibres 5,4, glucides 4,2, protéines 13,5

Crevettes épicées

Temps de préparation : 5 minutes
Temps de cuisson : 8 minutes
Portions : 4

Ingrédients:
- 1 cuillère à café de poudre d'ail
- 1 cuillère à café de paprika fumé
- 1 cuillère à café de cumin moulu
- 1 cuillère à café de piment de la Jamaïque moulu
- 2 cuillères à soupe d'huile d'olive
- 2 livres de crevettes, décortiquées et éviscérées
- 1 cuillère à soupe d'ail, haché

Instructions:
1. Faites chauffer une poêle avec l'huile d'olive à feu moyen, ajoutez les crevettes, les poireaux et les autres ingrédients, faites revenir 4 minutes de chaque côté, répartissez dans des bols et servez.

Nutrition: Calories 212, lipides 9,6, fibres 5,3, glucides 12,7, protéines 15,4

bar et tomate

Temps de préparation : 10 minutes
Temps de cuisson : 30 minutes
Portions : 4

Ingrédients:
- 2 cuillères à soupe d'huile d'olive
- 2 livres de filets de bar sans peau et désossés
- poivre noir au goût
- 2 tasses de tomates cerises, coupées en deux
- 1 cuillère à soupe d'ail, haché
- 1 cuillère à soupe de zeste de citron, râpé
- ¼ tasse de jus de citron

Instructions:
1. Beurrer un plat allant au four avec de l'huile et y déposer le poisson.
2. Ajoutez les tomates et les autres ingrédients, placez le plat au four et faites cuire au four à 380 degrés F pendant 30 minutes.
3. Répartissez le tout dans les assiettes et servez.

Nutrition: Calories 272, lipides 6,9, fibres 6,2, glucides 18,4, protéines 9

crevettes et haricots

Temps de préparation : 10 minutes
Temps de cuisson : 12 minutes
Portions : 4

Ingrédients:
- 1 livre de crevettes, décortiquées et éviscérées
- 1 cuillère à soupe d'huile d'olive
- le jus d'1 citron vert
- 1 tasse de haricots noirs en conserve, non salés, égouttés
- 1 échalote hachée
- 1 cuillère à soupe d'origan haché
- 2 gousses d'ail, hachées
- poivre noir au goût

Instructions:
1. Faites chauffer une poêle avec l'huile d'olive à feu moyen, ajoutez les échalotes et l'ail, remuez et faites revenir pendant 3 minutes.
2. Ajouter les crevettes et cuire 2 minutes de chaque côté.
3. Ajouter les haricots et les autres ingrédients, cuire à feu moyen pendant encore 5 minutes, répartir dans des bols et servir.

Nutrition: calories 253, lipides 11,6, fibres 6, glucides 14,5, protéines 13,5

Mélange de crevettes et raifort

Temps de préparation : 5 minutes
Temps de cuisson : 8 minutes
Portions : 4

Ingrédients:
- 1 livre de crevettes, décortiquées et éviscérées
- 2 échalotes hachées
- 1 cuillère à soupe d'huile d'olive
- 1 cuillère à soupe d'ail, haché
- 2 cuillères à café de raifort préparé
- ¼ tasse de crème de coco
- poivre noir au goût

Instructions:
4 Faites chauffer une poêle avec l'huile d'olive à feu moyen, ajoutez les échalotes et le raifort, remuez et faites revenir 2 minutes.
5 Ajoutez les crevettes et les autres ingrédients, remuez, laissez cuire encore 6 minutes, répartissez dans les assiettes et servez.

Nutrition: Calories 233, lipides 6, fibres 5, glucides 11,9, protéines 5,4

Salade de crevettes et estragon

Temps de préparation : 4 minutes
Temps de cuisson : 0 minutes
Portions : 4

Ingrédients:
- 1 livre de crevettes, cuites, décortiquées et éviscérées
- 1 cuillère à soupe d'estragon haché
- 1 cuillère à soupe de câpres, égouttées
- 2 cuillères à soupe d'huile d'olive
- poivre noir au goût
- 2 tasses de pousses d'épinards
- 1 cuillère à soupe de vinaigre balsamique
- 1 petit oignon rouge, haché
- 2 cuillères à soupe de jus de citron

Instructions:
4 Dans un bol, mélanger les crevettes avec l'estragon et les autres ingrédients, remuer et servir.

Nutrition: Calories 258, lipides 12,4, fibres 6, glucides 6,7, protéines 13,3

morue parmigiana

Temps de préparation : 10 minutes
Temps de cuisson : 20 minutes
Portions : 4

Ingrédients:
- 4 filets de cabillaud désossés
- ½ tasse de parmesan faible en gras, râpé
- 3 gousses d'ail hachées
- 1 cuillère à soupe d'huile d'olive
- 1 cuillère à soupe de jus de citron
- ½ tasse d'oignon vert, haché

Instructions:
1. Faites chauffer une poêle avec l'huile d'olive à feu moyen, ajoutez l'ail et la ciboulette, mélangez et faites revenir 5 minutes.
2. Ajoutez le poisson et faites cuire 4 minutes de chaque côté.
3. Versez le jus de citron, saupoudrez de parmesan, laissez cuire encore 2 minutes, répartissez dans des assiettes et servez.

Nutrition: Calories 275, lipides 22,1, fibres 5, glucides 18,2, protéines 12

Tilapia mélangé et oignons rouges

Temps de préparation : 10 minutes
Temps de cuisson : 15 minutes
Portions : 4

Ingrédients:
- 4 filets de tilapia désossés
- 2 cuillères à soupe d'huile d'olive
- 1 cuillère à soupe de jus de citron
- 2 cuillères à café de zeste de citron, râpé
- 2 oignons rouges, hachés grossièrement
- 3 cuillères à soupe d'ail haché

Instructions:
1. Faites chauffer une poêle avec l'huile d'olive à feu moyen, ajoutez l'oignon, le zeste et le jus de citron, remuez et faites revenir pendant 5 minutes.
2. Ajouter le poisson et la ciboulette, cuire 5 minutes de chaque côté, répartir dans les assiettes et servir.

Nutrition: Calories 254, lipides 18,2, fibres 5,4, glucides 11,7, protéines 4,5

salade de truite

Temps de préparation : 6 minutes
Temps de cuisson : 0 minutes
Portions : 4

Ingrédients:

- 4 onces de truite fumée, sans peau, désossée et coupée en cubes
- 1 cuillère à soupe de jus de citron
- 1/3 tasse de yaourt faible en gras
- 2 avocats pelés, dénoyautés et hachés
- 3 cuillères à soupe d'ail haché
- poivre noir au goût
- 1 cuillère à soupe d'huile d'olive

Instructions:

1. Dans un bol, mélanger la truite avec les avocats et les autres ingrédients, mélanger et servir.

Nutrition: Calories 244, lipides 9,45, fibres 5,6, glucides 8,5, protéines 15

truite balsamique

Temps de préparation : 5 minutes
Temps de cuisson : 15 minutes
Portions : 4

Ingrédients:
- 3 cuillères à soupe de vinaigre balsamique
- 2 cuillères à soupe d'huile d'olive
- 4 filets de truite désossés
- 3 cuillères à soupe de persil finement haché
- 2 gousses d'ail, hachées

Instructions:
1. Faites chauffer une poêle avec de l'huile à feu moyen, ajoutez la truite et faites-la dorer 6 minutes de chaque côté.
2. Ajouter le reste des ingrédients, cuire encore 3 minutes, répartir dans des assiettes et servir avec une salade.

Nutrition: Calories 314, lipides 14,3, fibres 8,2, glucides 14,8, protéines 11,2

persil persil

Temps de préparation : 5 minutes
Temps de cuisson : 12 minutes
Portions : 4

Ingrédients:
- 2 ciboulette hachée
- 2 cuillères à café de jus de citron
- 1 cuillère à soupe d'ail, haché
- 1 cuillère à soupe d'huile d'olive
- 4 filets de saumon désossés
- poivre noir au goût
- 2 cuillères à soupe de persil haché

Instructions:
1. Faites chauffer une poêle avec l'huile d'olive à feu moyen, ajoutez l'oignon, remuez et faites revenir 2 minutes.
2. Ajouter le saumon et les autres ingrédients, cuire 5 minutes de chaque côté, répartir dans les assiettes et servir.

Nutrition: Calories 290, lipides 14,4, fibres 5,6, glucides 15,6, protéines 9,5

Salade de truite et légumes

Temps de préparation : 5 minutes
Temps de cuisson : 0 minutes
Portions : 4

Ingrédients:
- 2 cuillères à soupe d'huile d'olive
- ½ tasse d'olives kalamata, dénoyautées et dénoyautées
- poivre noir au goût
- 1 livre de truite fumée, désossée, sans peau et coupée en cubes
- ½ cuillère à café de zeste de citron, râpé
- 1 cuillère à soupe de jus de citron
- 1 tasse de tomates cerises, coupées en deux
- ½ oignon rouge, tranché
- 2 tasses de bébé roquette

Instructions:
1. Mélangez la truite fumée avec les olives, le poivre noir et les autres ingrédients dans un bol, mélangez et servez.

Nutrition: Calories 282, lipides 13,4, fibres 5,3, glucides 11,6, protéines 5,6

saumon au safran

Temps de préparation : 10 minutes
Temps de cuisson : 12 minutes
Portions : 4

Ingrédients:
- poivre noir au goût
- ½ cuillère à café de paprika doux
- 4 filets de saumon désossés
- 3 cuillères à soupe d'huile d'olive
- 1 oignon jaune, haché
- 2 gousses d'ail, hachées
- ¼ cuillère à café de poudre de curcuma

Instructions:
1. Faites chauffer une poêle avec l'huile d'olive à feu moyen-vif, ajoutez l'oignon et l'ail, mélangez et faites revenir pendant 2 minutes.
2. Ajouter le saumon et les autres ingrédients, cuire 5 minutes de chaque côté, répartir dans les assiettes et servir.

Nutrition: Calories 339, lipides 21,6, fibres 0,7, glucides 3,2, protéines 35

Salade de crevettes et pastèque

Temps de préparation : 10 minutes
Temps de cuisson : 0 minutes
Portions : 4

Ingrédients:
- ¼ tasse de basilic, haché
- 2 tasses de pastèque, pelée et coupée en dés
- 2 cuillères à soupe de vinaigre balsamique
- 2 cuillères à soupe d'huile d'olive
- 1 livre de crevettes, décortiquées, nettoyées et cuites
- poivre noir au goût
- 1 cuillère à soupe de persil haché

Instructions:
1. Dans un bol, mélanger les crevettes avec la pastèque et les autres ingrédients, mélanger et servir.

Nutrition: Calories 220, lipides 9, fibres 0,4, glucides 7,6, protéines 26,4

Salade de crevettes à l'origan et au quinoa

Temps de préparation : 5 minutes
Temps de cuisson : 8 minutes
Portions : 4

Ingrédients:

- 1 livre de crevettes, décortiquées et éviscérées
- 1 tasse de quinoa, cuit
- poivre noir au goût
- 1 cuillère à soupe d'huile d'olive
- 1 cuillère à soupe d'origan haché
- 1 oignon rouge, haché
- 1 jus de citron

Instructions:

1. Faites chauffer une poêle avec l'huile d'olive à feu moyen, ajoutez l'oignon, remuez et faites revenir 2 minutes.
2. Ajoutez les crevettes, remuez et laissez cuire 5 minutes.
3. Ajoutez le reste des ingrédients, mélangez, répartissez le tout dans des bols et servez.

Nutrition: Calories 336, lipides 8,2, fibres 4,1, glucides 32,3, protéines 32,3

Salade De Crabe

Temps de préparation : 10 minutes
Temps de cuisson : 0 minutes
Portions : 4

Ingrédients:
- 1 cuillère à soupe d'huile d'olive
- 2 tasses de chair de crabe
- poivre noir au goût
- 1 tasse de tomates cerises, coupées en deux
- 1 échalote hachée
- 1 cuillère à soupe de jus de citron
- 1/3 tasse de coriandre, hachée

Instructions:
1. Dans un bol, mélanger les crabes avec les tomates et les autres ingrédients, mélanger et servir.

Nutrition: Calories 54, lipides 3,9, fibres 0,6, glucides 2,6, protéines 2,3

pétoncles balsamiques

Temps de préparation : 4 minutes
Temps de cuisson : 6 minutes
Portions : 4

Ingrédients:
- 12 onces de pétoncles
- 2 cuillères à soupe d'huile d'olive
- 2 gousses d'ail, hachées
- 1 cuillère à soupe de vinaigre balsamique
- 1 tasse de ciboulette, hachée
- 2 cuillères à soupe de coriandre hachée

Instructions:
1. Faites chauffer une poêle avec de l'huile d'olive à feu moyen, ajoutez l'oignon et l'ail et faites revenir 2 minutes.
2. Ajouter les pétoncles et les autres ingrédients, cuire 2 minutes de chaque côté, répartir dans les assiettes et servir.

Nutrition: Calories 146, lipides 7,7, fibres 0,7, glucides 4,4, protéines 14,8

Mélange de sole crémeux

Temps de préparation : 10 minutes
Temps de cuisson : 20 minutes
Portions : 4

Ingrédients:
- 2 cuillères à soupe d'huile d'olive
- 1 oignon rouge, haché
- poivre noir au goût
- ½ tasse de bouillon de légumes faible en sodium
- 4 filets de sole désossés
- ½ tasse de crème de coco
- 1 cuillère à soupe d'aneth haché

Instructions:
1. Faites chauffer une poêle avec de l'huile à feu moyen, ajoutez l'oignon, remuez et faites revenir 5 minutes.
2. Ajoutez le poisson et faites cuire 4 minutes de chaque côté.
3. Ajouter le reste des ingrédients, cuire encore 7 minutes, répartir dans les assiettes et servir.

Nutrition: Calories 232, lipides 12,3, fibres 4, glucides 8,7, protéines 12

Mélange épicé de saumon et de mangue

Temps de préparation : 5 minutes
Temps de cuisson : 0 minutes
Portions : 4

Ingrédients:
- 1 livre de saumon fumé, désossé, sans peau et émietté
- poivre noir au goût
- 1 oignon rouge, haché
- 1 mangue pelée, épépinée et hachée
- 2 piments jalapeno, hachés
- ¼ tasse de persil, haché
- 3 cuillères à soupe de jus de citron vert
- 1 cuillère à soupe d'huile d'olive

Instructions:
2. Mélangez le saumon avec le poivre noir et les autres ingrédients dans un bol, mélangez et servez.

Nutrition: Calories 323, lipides 14,2, fibres 4, glucides 8,5, protéines 20,4

Mélange de crevettes à l'aneth

Temps de préparation : 5 minutes
Temps de cuisson : 0 minutes
Portions : 4

Ingrédients:
- 2 cuillères à café de jus de citron
- 1 cuillère à soupe d'huile d'olive
- 1 cuillère à soupe d'aneth haché
- 1 livre de crevettes, cuites, décortiquées et éviscérées
- poivre noir au goût
- 1 tasse de radis coupés en cubes

Instructions:
1. Mélangez les crevettes avec le jus de citron et les autres ingrédients dans un bol, remuez et servez.

Nutrition: Calories 292, lipides 13, fibres 4,4, glucides 8, protéines 16,4

Pâté de saumon

Temps de préparation : 4 minutes
Temps de cuisson : 0 minutes
Portions : 6

Ingrédients:

- 6 onces de saumon fumé, désossé, sans peau et râpé
- 2 cuillères à soupe de yaourt faible en gras
- 3 cuillères à café de jus de citron
- 2 ciboulette hachée
- 8 onces de fromage à la crème faible en gras
- ¼ tasse de coriandre, hachée

Instructions:

1. Mélangez le saumon avec le yaourt et les autres ingrédients dans un bol, fouettez et servez froid.

Nutrition: Calories 272, lipides 15,2, fibres 4,3, glucides 16,8, protéines 9,9

crevettes aux artichauts

Temps de préparation : 4 minutes
Temps de cuisson : 8 minutes
Portions : 4

Ingrédients:
- 2 oignons verts, hachés
- 1 tasse d'artichauts en conserve non salés, égouttés et coupés en quartiers
- 2 cuillères à soupe de coriandre hachée
- 1 livre de crevettes, décortiquées et éviscérées
- 1 tasse de tomates cerises, coupées en dés
- 1 cuillère à soupe d'huile d'olive
- 1 cuillère à soupe de vinaigre balsamique
- Une pincée de sel et de poivre noir

Instructions:
1. Faites chauffer une poêle avec l'huile d'olive à feu moyen, ajoutez l'oignon et les artichauts, remuez et faites revenir 2 minutes.
2. Ajoutez les crevettes, remuez et faites cuire à feu moyen pendant 6 minutes.
3. Répartissez le tout dans des bols et servez.

Nutrition: calories 260, lipides 8,23, fibres 3,8, glucides 14,3, protéines 12,4

Crevettes sauce citron

Temps de préparation : 5 minutes
Temps de cuisson : 8 minutes
Portions : 4

Ingrédients:
- 1 livre de crevettes, décortiquées et éviscérées
- 2 cuillères à soupe d'huile d'olive
- 1 zeste de citron, râpé
- Jus de ½ citron
- 1 cuillère à soupe d'ail, haché

Instructions:
1. Faites chauffer une poêle avec l'huile d'olive à feu moyen-vif, ajoutez le zeste de citron, le jus de citron et la coriandre, remuez et laissez cuire 2 minutes.
2. Ajouter les crevettes, cuire encore 6 minutes, répartir dans les assiettes et servir.

Nutrition: Calories 195, lipides 8,9, fibres 0, glucides 1,8, protéines 25,9

Un mélange de thon et d'orange

Temps de préparation : 5 minutes
Temps de cuisson : 12 minutes
Portions : 4

Ingrédients:
- 4 filets de thon désossés
- poivre noir au goût
- 2 cuillères à soupe d'huile d'olive
- 2 échalotes hachées
- 3 cuillères à soupe de jus d'orange
- 1 orange, pelée et tranchée
- 1 cuillère à soupe d'origan haché

Instructions:
1. Faites chauffer une poêle avec l'huile d'olive à feu moyen, ajoutez les échalotes, remuez et faites revenir 2 minutes.
2. Ajouter le thon et les autres ingrédients, cuire encore 10 minutes, répartir dans les assiettes et servir.

Nutrition: Calories 457, lipides 38,2, fibres 1,6, glucides 8,2, protéines 21,8

curry de saumon

Temps de préparation : 10 minutes
Temps de cuisson : 20 minutes
Portions : 4

Ingrédients:
- 1 livre de filets de saumon, désossés et coupés en dés
- 3 cuillères à soupe de pâte de curry rouge
- 1 oignon rouge, haché
- 1 cuillère à café de paprika doux
- 1 tasse de crème de coco
- 1 cuillère à soupe d'huile d'olive
- poivre noir au goût
- ½ tasse de bouillon de poulet faible en sodium
- 3 cuillères à soupe de basilic haché

Instructions:
1. Faites chauffer une poêle avec l'huile d'olive à feu moyen, ajoutez l'oignon, le poivre et la pâte de curry, mélangez et laissez cuire 5 minutes.
2. Ajouter le saumon et les autres ingrédients, mélanger délicatement, cuire à feu moyen pendant 15 minutes, répartir dans des bols et servir.

Nutrition: Calories 377, lipides 28,3, fibres 2,1, glucides 8,5, protéines 23,9

Mélange de saumon et carottes

Temps de préparation : 10 minutes
Temps de cuisson : 15 minutes
Portions : 4

Ingrédients:
- 4 filets de saumon désossés
- 1 oignon rouge, haché
- 2 carottes, tranchées
- 2 cuillères à soupe d'huile d'olive
- 2 cuillères à soupe de vinaigre balsamique
- poivre noir au goût
- 2 cuillères à soupe d'ail, haché
- ¼ tasse de bouillon de légumes faible en sodium

Instructions:
1. Faites chauffer une poêle avec l'huile d'olive à feu moyen, ajoutez l'oignon et la carotte, remuez et faites revenir 5 minutes.
2. Nous ajoutons le saumon et les autres ingrédients, faisons frire le tout pendant encore 10 minutes, le répartissons sur des assiettes et servons.

Nutrition: Calories 322, lipides 18, fibres 1,4, glucides 6, protéines 35,2

Mélange de crevettes et pignons de pin

Temps de préparation : 10 minutes
Temps de cuisson : 10 minutes
Portions : 4

Ingrédients:
- 1 livre de crevettes, décortiquées et éviscérées
- 2 cuillères à soupe de pignons de pin
- 1 cuillère à soupe de jus de citron
- 2 cuillères à soupe d'huile d'olive
- 3 gousses d'ail hachées
- poivre noir au goût
- 1 cuillère à soupe de thym haché
- 2 cuillères à soupe de ciboulette finement hachée

Instructions:
1. Faites chauffer une poêle avec l'huile d'olive à feu moyen-vif, ajoutez l'ail, le thym, les pignons de pin et le jus de citron vert, remuez et laissez cuire 3 minutes.
2. Ajouter les crevettes, le poivre noir et la ciboulette, remuer, cuire encore 7 minutes, répartir dans les assiettes et servir.

Nutrition: Calories 290, lipides 13, fibres 4,5, glucides 13,9, protéines 10

Cabillaud aux Poivrons et Haricots Verts

Temps de préparation : 10 minutes
Temps de cuisson : 14 minutes
Portions : 4

Ingrédients:
- 4 filets de cabillaud désossés
- ½ livre de haricots verts, parés et coupés en deux
- 1 cuillère à soupe de jus de citron
- 1 cuillère à soupe de zeste de citron, râpé
- 1 oignon jaune, haché
- 2 cuillères à soupe d'huile d'olive
- 1 cuillère à café de cumin moulu
- 1 cuillère à café de poudre de chili
- ½ tasse de bouillon de légumes faible en sodium
- Une pincée de sel et de poivre noir

Instructions:
1. Faites chauffer une poêle avec de l'huile à feu moyen-vif, ajoutez l'oignon, remuez et laissez cuire 2 minutes.
2. Ajoutez le poisson et faites cuire 3 minutes de chaque côté.
3. Ajouter les haricots verts et les autres ingrédients, mélanger délicatement, cuire encore 7 minutes, répartir dans les assiettes et servir.

Nutrition: Calories 220, lipides 13, glucides 14,3, fibres 2,3, protéines 12

pétoncles à l'ail

Temps de préparation : 5 minutes
Temps de cuisson : 8 minutes
Portions : 4

Ingrédients:
- 12 pétoncles
- 1 oignon rouge, tranché
- 2 cuillères à soupe d'huile d'olive
- ½ cuillère à café d'ail, haché
- 2 cuillères à soupe de jus de citron
- poivre noir au goût
- 1 cuillère à café de vinaigre balsamique

Instructions:
1. Faites chauffer une poêle avec l'huile d'olive à feu moyen, ajoutez l'oignon et l'ail et faites revenir 2 minutes.
2. Ajouter les pétoncles et les autres ingrédients, cuire à feu moyen encore 6 minutes, répartir dans les assiettes et servir chaud.

Nutrition: Calories 259, lipides 8, fibres 3, glucides 5,7, protéines 7

Mélange crémeux de bar

Temps de préparation : 10 minutes
Temps de cuisson : 14 minutes
Portions : 4

Ingrédients:
- 4 filets de bar désossés
- 1 tasse de crème de coco
- 1 oignon jaune, haché
- 1 cuillère à soupe de jus de citron
- 2 cuillères à soupe d'huile d'avocat
- 1 cuillère à soupe de persil haché
- Une pincée de poivre noir

Instructions:
1. Faites chauffer une poêle avec l'huile d'olive à feu moyen, ajoutez l'oignon, mélangez et faites revenir 2 minutes.
2. Ajoutez le poisson et faites cuire 4 minutes de chaque côté.
3. Ajouter le reste des ingrédients, cuire encore 4 minutes, répartir dans des assiettes et servir.

Nutrition: Calories 283, lipides 12,3, fibres 5, glucides 12,5, protéines 8

Un mélange de bar et de champignons

Temps de préparation : 10 minutes
Temps de cuisson : 13 minutes
Portions : 4

Ingrédients:
- 4 filets de bar désossés
- 2 cuillères à soupe d'huile d'olive
- poivre noir au goût
- ½ tasse de champignons blancs tranchés
- 1 oignon rouge, haché
- 2 cuillères à soupe de vinaigre balsamique
- 3 cuillères à soupe de coriandre hachée

Instructions:
1. Faites chauffer une poêle avec l'huile d'olive à feu moyen, ajoutez l'oignon et les champignons, remuez et laissez cuire 5 minutes.
2. Ajouter le poisson et les autres ingrédients, cuire 4 minutes de chaque côté, répartir dans les assiettes et servir.

Nutrition: calories 280, lipides 12,3, fibres 8, glucides 13,6, protéines 14,3

soupe au saumon

Temps de préparation : 5 minutes
Temps de cuisson : 20 minutes
Portions : 4

Ingrédients:
- 1 livre de filets de saumon, désossés, sans peau et coupés en dés
- 1 tasse d'oignon jaune, haché
- 2 cuillères à soupe d'huile d'olive
- poivre noir au goût
- 2 tasses de bouillon de légumes faible en sodium
- 1 et ½ tasse de tomates hachées
- 1 cuillère à soupe de basilic haché

Instructions:
1. Faites chauffer une poêle avec de l'huile d'olive à feu moyen, ajoutez l'oignon, remuez et faites revenir 5 minutes.
2. Ajouter le saumon et les autres ingrédients, porter à ébullition et cuire à feu moyen pendant 15 minutes.
3. Répartissez la soupe dans les bols et servez.

Nutrition: Calories 250, lipides 12,2, fibres 5, glucides 8,5, protéines 7

Muscade aux crevettes

Temps de préparation : 3 minutes
Temps de cuisson : 6 minutes
Portions : 4

Ingrédients:
- 1 livre de crevettes, décortiquées et éviscérées
- 2 cuillères à soupe d'huile d'olive
- 1 cuillère à soupe de jus de citron
- 1 cuillère à soupe de muscade moulue
- poivre noir au goût
- 1 cuillère à soupe de coriandre hachée

Instructions:
1. Faites chauffer une poêle avec de l'huile à feu moyen, ajoutez les crevettes, le jus de citron et les autres ingrédients, remuez, laissez cuire 6 minutes, répartissez dans des bols et servez.

Nutrition: Calories 205, lipides 9,6, fibres 0,4, glucides 2,7, protéines 26

Mélange de crevettes et fruits rouges

Temps de préparation : 4 minutes
Temps de cuisson : 6 minutes
Portions : 4

Ingrédients:
- 1 livre de crevettes, décortiquées et éviscérées
- ½ tasse de tomates, coupées en dés
- 2 cuillères à soupe d'huile d'olive
- 1 cuillère à soupe de vinaigre balsamique
- ½ tasse de fraises tranchées
- poivre noir au goût

Instructions:
1. Faites chauffer une poêle avec de l'huile à feu moyen, ajoutez les crevettes, remuez et laissez cuire 3 minutes.
2. Ajoutez le reste des ingrédients, remuez, laissez cuire encore 3-4 minutes, répartissez dans des bols et servez.

Nutrition: Calories 205, lipides 9, fibres 0,6, glucides 4, protéines 26,2

truite citronnée au four

Temps de préparation : 10 minutes
Temps de cuisson : 30 minutes
Portions : 4

Ingrédients:
- 4 truites
- 1 cuillère à soupe de zeste de citron, râpé
- 2 cuillères à soupe d'huile d'olive
- 2 cuillères à soupe de jus de citron
- Une pincée de poivre noir
- 2 cuillères à soupe de coriandre hachée

Instructions:
1. Dans un plat allant au four, mélangez le poisson avec le zeste de citron et les autres ingrédients et frottez.
2. Cuire au four à 370 degrés F pendant 30 minutes, répartir dans les assiettes et servir.

Nutrition: Calories 264, lipides 12,3, fibres 5, glucides 7, protéines 11

Coquilles Saint-Jacques à la ciboulette

Temps de préparation : 3 minutes
Temps de cuisson : 4 minutes
Portions : 4

Ingrédients:

- 12 pétoncles
- 2 cuillères à soupe d'huile d'olive
- poivre noir au goût
- 2 cuillères à soupe d'ail, haché
- 1 cuillère à soupe de paprika doux

Instructions:

1. Faites chauffer une poêle avec l'huile d'olive à feu moyen, ajoutez les Saint-Jacques, le paprika et le reste des ingrédients et faites cuire 2 minutes de chaque côté.
2. Répartir dans les assiettes et servir avec une salade.

Nutrition: Calories 215, lipides 6, fibres 5, glucides 4,5, protéines 11

côtelettes de thon

Temps de préparation : 10 minutes
Temps de cuisson : 30 minutes
Portions : 4

Ingrédients:
- 2 cuillères à soupe d'huile d'olive
- 1 livre de thon, sans peau, désossé et haché
- 1 oignon jaune, haché
- ¼ tasse d'ail, haché
- 1 œuf battu
- 1 cuillère à soupe de farine de noix de coco
- Une pincée de sel et de poivre noir

Instructions:
1. Dans un bol, mélanger le thon avec l'oignon et les autres ingrédients, sauf l'huile, bien mélanger et former des boules de taille moyenne avec ce mélange.
2. Disposer les boulettes de viande sur une plaque à pâtisserie, badigeonner d'huile, cuire au four à 350 degrés F, cuire au four pendant 30 minutes, répartir dans les assiettes et servir.

Nutrition: calories 291, lipides 14,3, fibres 5, glucides 12,4, protéines 11

poêle à saumon

Temps de préparation : 10 minutes
Temps de cuisson : 12 minutes
Portions : 4

Ingrédients:
- 4 filets de saumon désossés et hachés grossièrement
- 2 cuillères à soupe d'huile d'olive
- 1 poivron rouge, coupé en lanières
- 1 courgette, hachée grossièrement
- 1 aubergine, hachée grossièrement
- 1 cuillère à soupe de jus de citron
- 1 cuillère à soupe d'aneth haché
- ¼ tasse de bouillon de légumes faible en sodium
- 1 cuillère à café de poudre d'ail
- Une pincée de poivre noir

Instructions:
1. Faites chauffer une poêle avec de l'huile à feu moyen-vif, ajoutez le poivron, les courgettes et les aubergines, remuez et faites revenir pendant 3 minutes.
2. Ajouter le saumon et les autres ingrédients, mélanger délicatement, cuire encore 9 minutes, répartir dans les assiettes et servir.

Nutrition: Calories 348, lipides 18,4, fibres 5,3, glucides 11,9, protéines 36,9

mélange de moutarde et de morue

Temps de préparation : 10 minutes
Temps de cuisson : 25 minutes
Portions : 4

Ingrédients:

- 4 filets de cabillaud sans peau et désossés
- Une pincée de poivre noir
- 1 cuillère à café de gingembre, râpé
- 1 cuillère à soupe de moutarde
- 2 cuillères à soupe d'huile d'olive
- 1 cuillère à café de thym séché
- ¼ cuillère à café de cumin moulu
- 1 cuillère à café de poudre de curcuma
- ¼ tasse de coriandre, hachée
- 1 tasse de bouillon de légumes faible en sodium
- 3 gousses d'ail hachées

Instructions:

1. Mélangez la morue avec le poivre noir, le gingembre et les autres ingrédients dans une casserole, mélangez délicatement et faites cuire à 380 degrés F pendant 25 minutes.
2. Répartissez le mélange dans les assiettes et servez.

Nutrition: Calories 176, lipides 9, fibres 1, glucides 3,7, protéines 21,2

Mélange de crevettes et asperges

Temps de préparation : 10 minutes
Temps de cuisson : 14 minutes
Portions : 4

Ingrédients:
- 1 botte d'asperges coupée en deux
- 1 livre de crevettes, décortiquées et éviscérées
- poivre noir au goût
- 2 cuillères à soupe d'huile d'olive
- 1 oignon rouge, haché
- 2 gousses d'ail, hachées
- 1 tasse de crème de coco

Instructions:
1. Faites chauffer une poêle avec l'huile d'olive à feu moyen, ajoutez l'oignon, l'ail et les asperges, remuez et faites revenir 4 minutes.
2. Ajoutez les crevettes et les autres ingrédients, remuez, faites cuire à feu moyen pendant 10 minutes, répartissez le tout dans des bols et servez.

Nutrition: Calories 225, lipides 6, fibres 3,4, glucides 8,6, protéines 8

morue et petits pois

Temps de préparation : 10 minutes
Temps de cuisson : 20 minutes
Portions : 4

Ingrédients:
- 1 oignon jaune, haché
- 2 cuillères à soupe d'huile d'olive
- ½ tasse de bouillon de poulet faible en sodium
- 4 filets de cabillaud, désossés et sans peau
- poivre noir au goût
- 1 tasse de petits pois

Instructions:
1. Faites chauffer une poêle avec de l'huile d'olive à feu moyen, ajoutez l'oignon, remuez et faites revenir 4 minutes.
2. Ajoutez le poisson et faites cuire 3 minutes de chaque côté.
3. Ajouter les petits pois et les autres ingrédients, cuire encore 10 minutes, répartir dans des assiettes et servir.

Nutrition: Calories 240, lipides 8,4, fibres 2,7, glucides 7,6, protéines 14

Bols de crevettes et moules

Temps de préparation : 5 minutes
Temps de cuisson : 12 minutes
Portions : 4

Ingrédients:
- 1 livre de moules, pelées
- ½ tasse de bouillon de poulet faible en sodium
- 1 livre de crevettes, décortiquées et éviscérées
- 2 échalotes hachées
- 1 tasse de tomates cerises, coupées en dés
- 2 gousses d'ail, hachées
- 1 cuillère à soupe d'huile d'olive
- 1 jus de citron

Instructions:
1. Faites chauffer l'huile dans une poêle à feu moyen, ajoutez l'oignon et l'ail et faites revenir 2 minutes.
2. Ajouter les crevettes, les moules et les autres ingrédients, cuire à feu moyen pendant 10 minutes, répartir dans des bols et servir.

Nutrition: Calories 240, lipides 4,9, fibres 2,4, glucides 11,6, protéines 8

Crème de menthe

Temps de pose : 2 heures et 4 minutes

Temps de cuisson : 0 minutes
Portions : 4

Ingrédients:
- 4 tasses de yaourt faible en gras
- 1 tasse de crème de coco
- 3 cuillères à soupe de stévia
- 2 cuillères à café de zeste de citron, râpé
- 1 cuillère à soupe de menthe hachée

Instructions:
1. Mélangez la crème avec le yaourt et les autres ingrédients dans un mixeur, battez bien, répartissez dans des petites tasses et réfrigérez 2 heures avant de servir.

Nutrition: Calories 512, lipides 14,3, fibres 1,5, glucides 83,6, protéines 12,1

pouding aux framboises

Temps de préparation : 10 minutes
Temps de cuisson : 24 minutes
Portions : 4

Ingrédients:
- 1 tasse de framboises
- 2 cuillères à café de sucre de coco
- 3 œufs battus
- 1 cuillère à soupe d'huile d'avocat
- ½ tasse de lait d'amande
- ½ tasse de farine de noix de coco
- ¼ tasse de yaourt faible en gras

Instructions:
1. Dans un bol, mélanger les framboises avec le sucre et les autres ingrédients, sauf l'enduit à cuisson, et bien battre.
2. Enduire un plat à pudding d'enduit à cuisson, verser le mélange de framboises, étaler, cuire au four à 400 degrés F pendant 24 minutes, répartir dans des assiettes à dessert et servir.

Nutrition: Calories 215, lipides 11,3, fibres 3,4, glucides 21,3, protéines 6,7

barres d'amandes

Temps de préparation : 10 minutes
Temps de cuisson : 30 minutes
Portions : 4

Ingrédients:
- 1 tasse d'amandes hachées
- 2 oeufs, battus
- ½ tasse de lait d'amande
- 1 cuillère à café d'extrait de vanille
- 2/3 tasse de sucre de coco
- 2 tasses de farine de blé entier
- 1 cuillère à café de levure en poudre
- Aérosol de cuisson

Instructions:
1. Dans un bol, mélanger les amandes avec les œufs et les autres ingrédients sauf l'enduit à cuisson et bien mélanger.
2. Verser dans un moule carré graissé d'un enduit à cuisson, bien étaler, enfourner 30 minutes, laisser refroidir, couper en barres et servir.

Nutrition: calories 463, lipides 22,5, fibres 11, glucides 54,4, protéines 16,9

mélange de pêches rôties

Temps de préparation : 10 minutes
Temps de cuisson : 30 minutes
Portions : 4

Ingrédients:
- 4 pêches dénoyautées et coupées en deux
- 1 cuillère de sucre de coco
- 1 cuillère à café d'extrait de vanille
- ¼ cuillère à café de cannelle moulue
- 1 cuillère à soupe d'huile d'avocat

Instructions:
1. Dans un plat allant au four, mélanger les pêches avec le sucre et les autres ingrédients, cuire au four à 375 degrés F pendant 30 minutes, laisser refroidir et servir.

Nutrition: calories 91, lipides 0,8, fibres 2,5, glucides 19,2, protéines 1,7

Gâteau aux noix

Temps de préparation : 10 minutes
Temps de cuisson : 25 minutes
Portions : 8

Ingrédients:
- 3 tasses de farine d'amande
- 1 tasse de sucre de coco
- 1 cuillère d'extrait de vanille
- ½ tasse de noix, hachées
- 2 cuillères à café de bicarbonate de soude
- 2 tasses de lait de coco
- ½ tasse d'huile de coco, fondue

Instructions:
1. Mélanger la farine d'amande avec le sucre et les autres ingrédients dans un bol, bien battre, verser dans le moule, étaler, mettre au four à 370 degrés F, cuire au four 25 minutes.
2. Laissez le gâteau refroidir, coupez et servez.

Nutrition: Calories 445, lipides 10, fibres 6,5, glucides 31,4, protéines 23,5

tarte aux pommes

Temps de préparation : 10 minutes
Temps de cuisson : 30 minutes
Portions : 4

Ingrédients:
- 2 tasses de farine d'amande
- 1 cuillère à café de bicarbonate de soude
- 1 cuillère à café de levure en poudre
- ½ cuillère à café de cannelle en poudre
- 2 cuillères à soupe de sucre de coco
- 1 tasse de lait d'amande
- 2 pommes vertes, pelées, épépinées et tranchées
- Aérosol de cuisson

Instructions:
1. Dans un bol, mélanger la farine avec le bicarbonate de soude, les pommes et les autres ingrédients à l'exception de l'enduit à cuisson et bien battre.
2. Verser sur une plaque à pâtisserie graissée d'enduit à cuisson, étaler uniformément, mettre au four et cuire au four à 360 degrés F pendant 30 minutes.
3. Refroidissez le gâteau, coupez et servez.

Nutrition: calories 332, lipides 22,4, fibres 9l,6, glucides 22,2, protéines 12,3

crème à la cannelle

Temps de préparation : 2 heures
Temps de cuisson : 10 minutes
Portions : 4

Ingrédients:
- 1 tasse de lait d'amande faible en gras
- 1 tasse de crème de coco
- 2 tasses de sucre de coco
- 2 cuillères à soupe de cannelle en poudre
- 1 cuillère à café d'extrait de vanille

Instructions:
1. Faites chauffer la poêle avec le lait d'amande à feu moyen, ajoutez le reste des ingrédients, battez et laissez cuire encore 10 minutes.
2. Répartissez le mélange dans des bols, laissez refroidir et réfrigérez 2 heures avant de servir.

Nutrition: Calories 254, lipides 7,5, fibres 5, glucides 16,4, protéines 9,5

Mélange crémeux aux fraises

Temps de préparation : 10 minutes
Temps de cuisson : 0 minutes
Portions : 4

Ingrédients:
- 1 cuillère à café d'extrait de vanille
- 2 tasses de fraises hachées
- 1 cuillère à café de sucre de coco
- 8 onces de yaourt faible en gras

Instructions:
1. Mélangez les fraises avec la vanille et les autres ingrédients dans un bol, mélangez et servez froid.

Nutrition: Calories 343, lipides 13,4, fibres 6, glucides 15,43, protéines 5,5

Brownies à la vanille et aux pacanes

Temps de préparation : 10 minutes
Temps de cuisson : 25 minutes
Portions : 8

Ingrédients:
- 1 tasse de noix, hachées
- 3 cuillères à soupe de sucre de coco
- 2 cuillères à soupe de cacao en poudre
- 3 œufs battus
- ¼ tasse d'huile de coco, fondue
- ½ cuillère à café de levure chimique
- 2 cuillères à café d'extrait de vanille
- Aérosol de cuisson

Instructions:
1. Dans un robot culinaire, mélanger les noix avec le sucre de coco et les autres ingrédients sauf l'enduit à cuisson et bien mélanger.
2. Vaporiser un moule carré avec un enduit à cuisson, verser le mélange à gâteau, étaler, mettre au four, cuire au four à 350 degrés F pendant 25 minutes, laisser refroidir, trancher et servir.

Nutrition: Calories 370, lipides 14,3, fibres 3, glucides 14,4, protéines 5,6

gâteau aux fraises

Temps de préparation : 10 minutes
Temps de cuisson : 25 minutes
Portions : 6

Ingrédients:
- 2 tasses de farine de blé entier
- 1 tasse de fraises hachées
- ½ cuillère à café de bicarbonate de soude
- ½ tasse de sucre de coco
- ¾ tasse de lait de coco
- ¼ tasse d'huile de coco, fondue
- 2 oeufs, battus
- 1 cuillère à café d'extrait de vanille
- Aérosol de cuisson

Instructions:
1. Dans un bol, mélanger la farine avec les fraises et les autres ingrédients, sauf le Coca spray, et bien battre.
2. Enduire un moule à gâteau d'enduit à cuisson, verser le mélange à gâteau, étaler, cuire au four à 350 degrés F pendant 25 minutes, laisser refroidir, couper et servir.

Nutrition: Calories 465, lipides 22,1, fibres 4, glucides 18,3, protéines 13,4

pudding au cacao

Temps de préparation : 10 minutes
Temps de cuisson : 10 minutes
Portions : 4

Ingrédients:
- 2 cuillères à soupe de sucre de coco
- 3 cuillères à soupe de farine de noix de coco
- 2 cuillères à soupe de cacao en poudre
- 2 tasses de lait d'amande
- 2 oeufs, battus
- ½ cuillère à café d'extrait de vanille

Instructions:
1. Versez le lait dans une casserole, ajoutez le cacao et les autres ingrédients, fouettez, faites cuire à feu moyen pendant 10 minutes, versez dans des petites tasses et servez frais.

Nutrition: Calories 385, lipides 31,7, fibres 5,7, glucides 21,6, protéines 7,3

Crème vanille-muscade

Temps de préparation : 10 minutes
Temps de cuisson : 0 minutes
Portions : 6

Ingrédients:
- 3 tasses de lait écrémé
- 1 cuillère à café de muscade moulue
- 2 cuillères à café d'extrait de vanille
- 4 cuillères à café de sucre de coco
- 1 tasse de noix, hachées

Instructions:
1. Mélangez le lait avec la muscade et les autres ingrédients dans un bol, battez bien, répartissez dans des verres et servez frais.

Nutrition: calories 243, lipides 12,4, fibres 1,5, glucides 21,1, protéines 9,7

crème d'avocat

Temps de pose : 1 heure et 10 minutes

Temps de cuisson : 0 minutes
Portions : 4

Ingrédients:
- 2 tasses de crème de coco
- 2 avocats pelés, dénoyautés et écrasés
- 2 cuillères à soupe de sucre de coco
- 1 cuillère à café d'extrait de vanille

Instructions:
1. Mélangez la crème avec les avocats et les autres ingrédients dans un mixeur, battez bien, répartissez dans des petites tasses et réfrigérez 1 heure avant de servir.

Nutrition: Calories 532, lipides 48,2, fibres 9,4, glucides 24,9, protéines 5,2

crème de framboise

Temps de préparation : 10 minutes
Temps de cuisson : 25 minutes
Portions : 4

Ingrédients:
- 2 cuillères à soupe de farine d'amande
- 1 tasse de crème de coco
- 3 tasses de framboises
- 1 tasse de sucre de coco
- 8 onces de fromage à la crème faible en gras

Instructions:
1. Placer la farine dans un bol avec la crème et les autres ingrédients, fouetter, transférer dans un moule rond, cuire au four à 360 degrés F pendant 25 minutes, répartir dans des bols de service et servir.

Nutrition: Calories 429, lipides 36,3, fibres 7,7, glucides 21,3, protéines 7,8

salade de pastèque

Temps de préparation : 4 minutes
Temps de cuisson : 0 minutes
Portions : 4

Ingrédients:
- 1 tasse de pastèque, pelée et coupée en dés
- 2 pommes dénoyautées et hachées
- 1 cuillère de crème de coco
- 2 bananes, coupées en morceaux

Instructions:
1. Dans un bol, mélanger la pastèque avec les pommes et les autres ingrédients, mélanger et servir.

Nutrition: Calories 131, lipides 1,3, fibres 4,5, glucides 31,9, protéines 1,3

Mélange poire et noix de coco

Temps de préparation : 10 minutes
Temps de cuisson : 10 minutes
Portions : 4

Ingrédients:
- 2 cuillères à café de jus de citron
- ½ tasse de crème de coco
- ½ tasse de noix de coco râpée
- 4 poires dénoyautées et coupées en dés
- 4 cuillères à soupe de sucre de coco

Instructions:
1. Mélangez les poires avec le jus de citron et les autres ingrédients dans une casserole, remuez, placez sur feu moyen et laissez cuire 10 minutes.
2. Répartir dans des bols et servir froid.

Nutrition: Calories 320, lipides 7,8, fibres 3, glucides 6,4, protéines 4,7

confiture de pommes

Temps de préparation : 10 minutes
Temps de cuisson : 15 minutes
Portions : 4

Ingrédients:
- 5 cuillères à soupe de sucre de coco
- 2 tasses de jus d'orange
- 4 pommes dénoyautées et coupées en dés

Instructions:
1. Mélangez les pommes avec le sucre et le jus d'orange dans une casserole, remuez, placez sur feu moyen, laissez cuire 15 minutes, répartissez dans des bols et servez froid.

Nutrition: Calories 220, lipides 5,2, fibres 3, glucides 5,6, protéines 5,6

ragoût d'abricots

Temps de préparation : 10 minutes
Temps de cuisson : 15 minutes
Portions : 4

Ingrédients:
- 2 tasses d'abricots coupés en deux
- 2 tasses d'eau
- 2 cuillères à soupe de sucre de coco
- 2 cuillères à soupe de jus de citron

Instructions:
1. Mélangez les abricots avec l'eau et les autres ingrédients dans une casserole, jetez-les, faites cuire à feu moyen pendant 15 minutes, répartissez dans des bols et servez.

Nutrition: Calories 260, lipides 6,2, fibres 4,2, glucides 5,6, protéines 6

Mélange de cantaloup au citron

Temps de préparation : 10 minutes
Temps de cuisson : 10 minutes
Portions : 4

Ingrédients:
- 2 tasses de cantaloup, pelé et haché grossièrement
- 4 cuillères à soupe de sucre de coco
- 2 cuillères à café d'extrait de vanille
- 2 cuillères à café de jus de citron

Instructions:
1. Mélangez le melon avec le sucre et les autres ingrédients dans une petite casserole, remuez, faites chauffer à feu moyen, laissez cuire environ 10 minutes, répartissez dans des bols et servez froid.

Nutrition: Calories 140, lipides 4, fibres 3,4, glucides 6,7, protéines 5

crème crémeuse à la rhubarbe

Temps de préparation : 10 minutes
Temps de cuisson : 14 minutes
Portions : 4

Ingrédients:
- 1/3 tasse de fromage à la crème faible en gras
- ½ tasse de crème de coco
- 2 livres de rhubarbe, hachée grossièrement
- 3 cuillères à soupe de sucre de coco

Instructions:
1. Battre le fromage à la crème avec la crème de lait et les autres ingrédients dans le mixeur et bien battre.
2. Répartissez dans de petites tasses, placez au four et faites cuire au four à 350 degrés F pendant 14 minutes.
3. Servir froid.

Nutrition: Calories 360, lipides 14,3, fibres 4,4, glucides 5,8, protéines 5,2

bols d'ananas

Temps de préparation : 10 minutes
Temps de cuisson : 0 minutes
Portions : 4

Ingrédients:
- 3 tasses d'ananas pelé et haché
- 1 cuillère à café de graines de chia
- 1 tasse de crème de coco
- 1 cuillère à café d'extrait de vanille
- 1 cuillère à soupe de menthe hachée

Instructions:
1. Mélangez l'ananas avec la crème et les autres ingrédients dans un bol, jetez-le, répartissez-le dans des bols plus petits et réfrigérez 10 minutes avant de servir.

Nutrition: Calories 238, lipides 16,6, fibres 5,6, glucides 22,8, protéines 3,3

ragoût de myrtilles

Temps de préparation : 10 minutes
Temps de cuisson : 10 minutes
Portions : 4

Ingrédients:
- 2 cuillères à soupe de jus de citron
- 1 tasse d'eau
- 3 cuillères à soupe de sucre de coco
- 12 onces de myrtilles

Instructions:
1. Mélangez les myrtilles avec le sucre et les autres ingrédients dans une casserole, portez à ébullition et laissez cuire à feu moyen pendant 10 minutes.
2. Répartir dans des bols et servir.

Nutrition: Calories 122, lipides 0,4, fibres 2,1, glucides 26,7, protéines 1,5

Pouding au citron

Temps de préparation : 10 minutes
Temps de cuisson : 15 minutes
Portions : 4

Ingrédients:
- 2 tasses de crème de coco
- le jus d'1 citron vert
- Le zeste d'un citron vert, râpé
- 3 cuillères à soupe d'huile de coco fondue
- 1 œuf battu
- 1 cuillère à café de levure en poudre

Instructions:
1. Dans un bol, mélanger la crème avec le jus de citron vert et le reste des ingrédients et bien battre.
2. Répartir dans des petits ramequins, mettre au four et cuire au four à 360 degrés F pendant 15 minutes.
3. Servir le pudding froid.

Nutrition: Calories 385, lipides 39,9, fibres 2,7, glucides 8,2, protéines 4,2

crème de pêche

Temps de préparation : 10 minutes
Temps de cuisson : 0 minutes
Portions : 4

Ingrédients:
- 3 tasses de crème de coco
- 2 pêches dénoyautées et hachées
- 1 cuillère à café d'extrait de vanille
- ½ tasse d'amandes hachées

Instructions:
1. Battre la crème et les autres ingrédients au batteur, bien battre, répartir dans des petits bols et servir froid.

Nutrition: calories 261, lipides 13, fibres 5,6, glucides 7, protéines 5,4

Mélange de cannelle et de prune

Temps de préparation : 10 minutes
Temps de cuisson : 15 minutes
Portions : 4

Ingrédients:
- 1 livre de prunes, dénoyautées et coupées en deux
- 2 cuillères à soupe de sucre de coco
- ½ cuillère à café de cannelle en poudre
- 1 tasse d'eau

Instructions:
1. Mélangez les prunes avec le sucre et les autres ingrédients dans une casserole, portez à ébullition et laissez cuire à feu moyen pendant 15 minutes.
2. Répartir dans des bols et servir froid.

Nutrition: Calories 142, lipides 4, fibres 2,4, glucides 14, protéines 7

Pommes Chia et Vanille

Temps de préparation : 10 minutes
Temps de cuisson : 10 minutes
Portions : 4

Ingrédients:
- 2 tasses de pommes, dénoyautées et tranchées
- 2 cuillères à soupe de graines de chia
- 1 cuillère à café d'extrait de vanille
- 2 tasses de jus de pomme naturellement non sucré

Instructions:
1. Mélangez les pommes avec les graines de chia et les autres ingrédients dans une petite casserole, jetez-les, faites cuire à feu moyen pendant 10 minutes, répartissez dans des bols de service et servez froid.

Nutrition: Calories 172, lipides 5,6, fibres 3,5, glucides 10, protéines 4,4

Pouding au riz et aux poires

Temps de préparation : 10 minutes
Temps de cuisson : 25 minutes
Portions : 4

Ingrédients:
- 6 tasses d'eau
- 1 tasse de sucre de coco
- 2 tasses de riz noir
- 2 poires dénoyautées et coupées en dés
- 2 cuillères à café de cannelle en poudre

Instructions:
1. Versez l'eau dans une casserole, faites chauffer à feu moyen-vif, ajoutez le riz, le sucre et les autres ingrédients, remuez, portez à ébullition, réduisez le feu à moyen et laissez cuire 25 minutes.
2. Répartir dans des bols et servir froid.

Nutrition: Calories 290, lipides 13,4, fibres 4, glucides 13,20, protéines 6,7

ragoût de rhubarbe

Temps de préparation : 10 minutes
Temps de cuisson : 15 minutes
Portions : 4

Ingrédients:
- 2 tasses de rhubarbe, hachée grossièrement
- 3 cuillères à soupe de sucre de coco
- 1 cuillère à café d'extrait d'amande
- 2 tasses d'eau

Instructions:
1. Mélangez la rhubarbe avec les autres ingrédients dans une casserole, jetez-la, placez sur feu moyen, laissez cuire 15 minutes, répartissez dans des bols et servez froid.

Nutrition: Calories 142, lipides 4,1, fibres 4,2, glucides 7, protéines 4

crème de rhubarbe

Temps de préparation : 1 heure
Temps de cuisson : 10 minutes
Portions : 4

Ingrédients:
- 2 tasses de crème de coco
- 1 tasse de rhubarbe hachée
- 3 œufs battus
- 3 cuillères à soupe de sucre de coco
- 1 cuillère à soupe de jus de citron

Instructions:
1. Dans une petite casserole, mélanger la crème avec la rhubarbe et les autres ingrédients, bien battre, cuire à feu moyen pendant 10 minutes, écraser au mixeur, répartir dans des bols et réfrigérer 1 heure avant de servir.

Nutrition: Calories 230, lipides 8,4, fibres 2,4, glucides 7,8, protéines 6

salade de myrtilles

Temps de préparation : 5 minutes
Temps de cuisson : 0 minutes
Portions : 4

Ingrédients:
- 2 tasses de myrtilles
- 3 cuillères à soupe de menthe hachée
- 1 poire dénoyautée et coupée en dés
- 1 pomme dénoyautée et hachée
- 1 cuillère de sucre de coco

Instructions:
1. Dans un bol, mélanger les myrtilles avec la menthe et les autres ingrédients, mélanger et servir froid.

Nutrition: Calories 150, lipides 2,4, fibres 4, glucides 6,8, protéines 6

Crème de dattes et banane

Temps de préparation : 5 minutes
Temps de cuisson : 0 minutes
Portions : 4

Ingrédients:
- 1 tasse de lait d'amande
- 1 banane pelée et tranchée
- 1 cuillère à café d'extrait de vanille
- ½ tasse de crème de coco
- dattes hachées

Instructions:
1. Mélangez les dattes avec les bananes et les autres ingrédients dans un mixeur, mélangez bien, répartissez dans des petites tasses et servez froid.

Nutrition: Calories 271, lipides 21,6, fibres 3,8, glucides 21,2, protéines 2,7

petits pains aux prunes

Temps de préparation : 10 minutes
Temps de cuisson : 25 minutes
Portions : 12

Ingrédients:
- 3 cuillères à soupe d'huile de coco fondue
- ½ tasse de lait d'amande
- 4 œufs, battus
- 1 cuillère à café d'extrait de vanille
- 1 tasse de farine d'amande
- 2 cuillères à café de cannelle en poudre
- ½ cuillère à café de levure chimique
- 1 tasse de pruneaux dénoyautés et hachés

Instructions:
1. Mélangez l'huile de coco avec le lait d'amande et les autres ingrédients dans un bol et fouettez bien.
2. Répartir dans un moule à muffins, placer au four à 350 degrés F et cuire au four pendant 25 minutes.
3. Servir les pains froids.

Nutrition: Calories 270, lipides 3,4, fibres 4,4, glucides 12, protéines 5

Bols de pruneaux et raisins secs

Temps de préparation : 10 minutes
Temps de cuisson : 20 minutes
Portions : 4

Ingrédients:
- ½ livre de prunes, dénoyautées et coupées en deux
- 2 cuillères à soupe de sucre de coco
- 4 cuillères à soupe de raisins secs
- 1 cuillère à café d'extrait de vanille
- 1 tasse de crème de coco

Instructions:
1. Mélangez les prunes avec le sucre et les autres ingrédients dans une casserole, portez à ébullition et laissez cuire à feu moyen pendant 20 minutes.
2. Répartir dans des bols et servir.

Nutrition: Calories 219, lipides 14,4, fibres 1,8, glucides 21,1, protéines 2,2

barres de tournesol

Temps de préparation : 10 minutes
Temps de cuisson : 20 minutes
Portions : 6

Ingrédients:
- 1 tasse de farine de noix de coco
- ½ cuillère à café de bicarbonate de soude
- 1 cuillère à soupe de graines de lin
- 3 cuillères à soupe de lait d'amande
- 1 tasse de graines de tournesol
- 2 cuillères à soupe d'huile de coco fondue
- 1 cuillère à café d'extrait de vanille

Instructions:
1. Mélanger la farine avec le bicarbonate de soude et le reste des ingrédients dans un bol, bien mélanger, étaler sur une plaque à pâtisserie, bien presser, enfourner à 350 degrés F pendant 20 minutes, laisser refroidir, couper en barres. et servir.

Nutrition: calories 189, lipides 12,6, fibres 9,2, glucides 15,7, protéines 4,7

Bols de noix de cajou et de canneberges

Temps de préparation : 10 minutes

Temps de cuisson : 0 minutes

Portions : 4

Ingrédients:

- 1 tasse Noix de Cajou
- 2 tasses de mûres
- ¾ tasse de crème de coco
- 1 cuillère à café d'extrait de vanille
- 1 cuillère de sucre de coco

Instructions:

1. Dans un bol, mélanger les noix de cajou avec les fruits et les autres ingrédients, mélanger, répartir dans des petits bols et servir.

Nutrition: Calories 230, lipides 4, fibres 3,4, glucides 12,3, protéines 8

Bols orange et mandarine

Temps de préparation : 4 minutes
Temps de cuisson : 8 minutes
Portions : 4

Ingrédients:

- 4 oranges pelées et coupées en tranches
- 2 mandarines, pelées et tranchées
- le jus d'1 citron vert
- 2 cuillères à soupe de sucre de coco
- 1 tasse d'eau

Instructions:

1. Mélangez les oranges avec les mandarines et les autres ingrédients dans une casserole, portez à ébullition et laissez cuire à feu moyen pendant 8 minutes.
2. Répartir dans des bols et servir froid.

Nutrition: Calories 170, lipides 2,3, fibres 2,3, glucides 11, protéines 3,4

Crème De Potiron

Temps de préparation : 2 heures
Temps de cuisson : 0 minutes
Portions : 4

Ingrédients:
- 2 tasses de crème de coco
- 1 tasse de purée de citrouille
- 14 onces de crème de coco
- 3 cuillères à soupe de sucre de coco

Instructions:
1. Mélanger la crème avec la purée de potiron et les autres ingrédients dans un bol, bien battre, répartir dans des petits bols et réfrigérer 2 heures avant de servir.

Nutrition: Calories 350, lipides 12,3, fibres 3, glucides 11,7, protéines 6

Un mélange de figues et de rhubarbe

Temps de préparation : 6 minutes
Temps de cuisson : 14 minutes
Portions : 4

Ingrédients:
- 2 cuillères à soupe d'huile de coco fondue
- 1 tasse de rhubarbe, hachée grossièrement
- 12 figues coupées en deux
- ¼ tasse de sucre de coco
- 1 tasse d'eau

Instructions:
1. Faites chauffer une poêle avec l'huile d'olive à feu moyen, ajoutez les figues et les autres ingrédients, remuez, laissez cuire 14 minutes, répartissez dans de petites tasses et servez froid.

Nutrition: Calories 213, lipides 7,4, fibres 6,1, glucides 39, protéines 2,2

banane épicée

Temps de préparation : 4 minutes
Temps de cuisson : 15 minutes
Portions : 4

Ingrédients:
- 4 bananes pelées et coupées en deux
- 1 cuillère à café de muscade moulue
- 1 cuillère à café de cannelle en poudre
- le jus d'1 citron vert
- 4 cuillères à soupe de sucre de coco

Instructions:
1. Placer les bananes sur une plaque à pâtisserie, ajouter la muscade et les autres ingrédients, cuire au four à 350 degrés F pendant 15 minutes.
2. Répartissez les bananes rôties dans les assiettes et servez.

Nutrition: Calories 206, lipides 0,6, fibres 3,2, glucides 47,1, protéines 2,4

cocktail au cacao

Temps de préparation : 5 minutes
Temps de cuisson : 0 minutes
Portions : 2

Ingrédients:

- 2 cuillères à café de cacao en poudre
- 1 avocat dénoyauté, pelé et écrasé
- 1 tasse de lait d'amande
- 1 tasse de crème de coco

Instructions:

1. Mélangez le lait d'amande avec la crème et les autres ingrédients dans un mixeur, battez bien, répartissez dans des petits verres et servez frais.

Nutrition: Calories 155, lipides 12,3, fibres 4, glucides 8,6, protéines 5

barres de banane

Temps de préparation : 30 minutes
Temps de cuisson : 0 minutes
Portions : 4
Ingrédients:

- 1 tasse d'huile de noix de coco, fondue
- 2 bananes pelées et coupées en tranches
- 1 avocat pelé, dénoyauté et écrasé
- ½ tasse de sucre de coco
- ¼ tasse de jus de citron
- 1 cuillère à café de zeste de citron, râpé
- Aérosol de cuisson

Instructions:

1. Dans un robot culinaire, mélanger les bananes avec l'huile et les autres ingrédients, à l'exception de l'enduit à cuisson, et bien mélanger.
2. Beurrer un plat allant au four avec du spray, verser et étaler le mélange de bananes, couvrir, réfrigérer 30 minutes, couper en barres et servir.

Nutrition: Calories 639, lipides 64,6, fibres 4,9, glucides 20,5, protéines 1,7

Barres de dattes au thé vert

Temps de préparation : 10 minutes
Temps de cuisson : 30 minutes
Portions : 8

Ingrédients:
- 2 cuillères à café de thé vert en poudre
- 2 tasses de lait de coco, chauffé
- ½ tasse d'huile de coco, fondue
- 2 tasses de sucre de coco
- 4 œufs, battus
- 2 cuillères à café d'extrait de vanille
- 3 tasses de farine d'amande
- 1 cuillère à café de bicarbonate de soude
- 2 cuillères à café de levure chimique

Instructions:
1. Mélanger le lait de coco avec la poudre de thé vert et le reste des ingrédients dans un bol, bien mélanger, verser dans un carré, étaler, cuire au four à 350 degrés F pendant 30 minutes, laisser refroidir, trancher. dans les bars et servir.

Nutrition: Calories 560, lipides 22,3, fibres 4, glucides 12,8, protéines 22,1

crème de noix

Temps de préparation : 2 heures
Temps de cuisson : 0 minutes
Portions : 4

Ingrédients:
- 2 tasses de lait d'amande
- ½ tasse de crème de coco
- ½ tasse de noix, hachées
- 3 cuillères à soupe de sucre de coco
- 1 cuillère à café d'extrait de vanille

Instructions:
1. Mélangez le lait d'amande avec la crème et les autres ingrédients dans un bol, battez bien, répartissez dans de petites tasses et réfrigérez 2 heures avant de servir.

Nutrition: Calories 170, lipides 12,4, fibres 3, glucides 12,8, protéines 4

Gâteau au citron

Temps de préparation : 10 minutes
Temps de cuisson : 35 minutes
Portions : 6

Ingrédients:
- 2 tasses de farine de blé entier
- 1 cuillère à café de levure en poudre
- 2 cuillères à soupe d'huile de coco fondue
- 1 œuf battu
- 3 cuillères à soupe de sucre de coco
- 1 tasse de lait d'amande
- 1 zeste de citron, râpé
- 1 jus de citron

Instructions:
1. Mélangez la farine avec l'huile et les autres ingrédients dans un bol, battez bien, transférez sur une plaque à pâtisserie et faites cuire au four à 360 degrés F pendant 35 minutes.
2. Trancher et servir froid.

Nutrition: Calories 222, lipides 12,5, fibres 6,2, glucides 7, protéines 17,4

barres aux raisins

Temps de préparation : 10 minutes
Temps de cuisson : 25 minutes
Portions : 6

Ingrédients:
- 1 cuillère à café de cannelle en poudre
- 2 tasses de farine d'amande
- 1 cuillère à café de levure en poudre
- ½ cuillère à café de muscade moulue
- 1 tasse d'huile de noix de coco, fondue
- 1 tasse de sucre de coco
- 1 œuf battu
- 1 tasse de raisins secs

Instructions:
1. Mélanger la farine avec la cannelle et les autres ingrédients dans un bol, bien mélanger, étaler sur une plaque à pâtisserie, mettre au four, cuire au four à 380 degrés F pendant 25 minutes, couper en lanières et servir froid.

Nutrition: Calories 274, lipides 12, fibres 5,2, glucides 14,5, protéines 7

carrés de nectarines

Temps de préparation : 10 minutes
Temps de cuisson : 20 minutes
Portions : 4

Ingrédients:
- 3 nectarines dénoyautées et hachées
- 1 cuillère de sucre de coco
- ½ cuillère à café de bicarbonate de soude
- 1 tasse de farine d'amande
- 4 cuillères à soupe d'huile de coco fondue
- 2 cuillères à soupe de cacao en poudre

Instructions:
1. Mélangez les nectarines avec le sucre et le reste des ingrédients dans un mixeur, mélangez bien, versez dans un moule carré tapissé, étalez, cuisez à 375 degrés pendant 20 minutes, laissez le mélange refroidir légèrement. , Couper en carrés et servir.

Nutrition: Calories 342, lipides 14,4, fibres 7,6, glucides 12, protéines 7,7

ragoût de raisin

Temps de préparation : 10 minutes
Temps de cuisson : 20 minutes
Portions : 4

Ingrédients:
- 1 tasse de raisins verts
- Jus de ½ citron vert
- 2 cuillères à soupe de sucre de coco
- 1 et ½ tasses d'eau
- 2 cuillères à café de poudre de cardamome

Instructions:
1. Faites chauffer une casserole avec de l'eau à feu moyen, ajoutez les raisins et les autres ingrédients, portez à ébullition, laissez cuire 20 minutes, répartissez dans des bols et servez.

Nutrition: Calories 384, lipides 12,5, fibres 6,3, glucides 13,8, protéines 5,6

crème de mandarine et de prune

Temps de préparation : 10 minutes
Temps de cuisson : 20 minutes
Portions : 4

Ingrédients:
- 1 mandarine, pelée et hachée
- ½ livre de pruneaux, dénoyautés et hachés
- 1 tasse de crème de coco
- 2 jus de mandarine
- 2 cuillères à soupe de sucre de coco

Instructions:
1. Mélanger les mandarines avec les pruneaux et le reste des ingrédients dans un mixeur, bien mélanger, casser en petits morceaux, mettre au four, cuire au four à 350 degrés F pendant 20 minutes et servir froid.

Nutrition: Calories 402, lipides 18,2, fibres 2, glucides 22,2, protéines 4,5

Crème De Cerise Et Fraise

Temps de préparation : 10 minutes
Temps de cuisson : 0 minutes
Portions : 6

Ingrédients:
- 1 livre de cerises dénoyautées
- 1 tasse de fraises hachées
- ¼ tasse de sucre de coco
- 2 tasses de crème de coco

Instructions:
1. Mélangez les cerises avec les autres ingrédients dans un mixeur, mélangez bien, répartissez dans des verres et servez froid.

Nutrition: Calories 342, lipides 22,1, fibres 5,6, glucides 8,4, protéines 6,5

Noix de cardamome et riz au lait

Temps de préparation : 5 minutes
Temps de cuisson : 40 minutes
Portions : 4

Ingrédients:
- 1 tasse de riz basmati
- 3 tasses de lait d'amande
- 3 cuillères à soupe de sucre de coco
- ½ cuillère à café de poudre de cardamome
- ¼ tasse de noix, hachées

Instructions:
1. Mélangez le riz avec le lait et les autres ingrédients dans une casserole, remuez, laissez cuire 40 minutes à feu moyen, répartissez dans des bols et servez froid.

Nutrition: Calories 703, lipides 47,9, fibres 5,2, glucides 62,1, protéines 10,1

pain aux poires

Temps de préparation : 10 minutes
Temps de cuisson : 30 minutes
Portions : 4

Ingrédients:
- 2 tasses de poires dénoyautées et coupées en dés
- 1 tasse de sucre de coco
- 2 oeufs, battus
- 2 tasses de farine d'amande
- 1 cuillère de levure chimique
- 1 cuillère à soupe d'huile de coco fondue

Instructions:
1. Mélangez les poires avec le sucre et les autres ingrédients dans un bol, fouettez, versez dans un plat allant au four, mettez au four et faites cuire au four à 350 degrés F pendant 30 minutes.
2. Trancher et servir froid.

Nutrition: Calories 380, lipides 16,7, fibres 5, glucides 17,5, protéines 5,6

Riz au lait et cerise

Temps de préparation : 10 minutes
Temps de cuisson : 25 minutes
Portions : 4

Ingrédients:
- 1 cuillère à soupe d'huile de coco fondue
- 1 tasse de riz blanc
- 3 tasses de lait d'amande
- ½ tasse de cerises, dénoyautées et coupées en deux
- 3 cuillères à soupe de sucre de coco
- 1 cuillère à café de cannelle en poudre
- 1 cuillère à café d'extrait de vanille

Instructions:
1. Mélangez l'huile avec le riz et les autres ingrédients dans une casserole, remuez, portez à ébullition, laissez cuire 25 minutes à feu moyen, répartissez dans des bols et servez froid.

Nutrition: Calories 292, lipides 12,4, fibres 5,6, glucides 8, protéines 7

ragoût de pastèque

Temps de préparation : 5 minutes
Temps de cuisson : 8 minutes
Portions : 4

Ingrédients:
- le jus d'1 citron vert
- 1 cuillère à café de zeste de citron, râpé
- 1 et ½ tasse de sucre de coco
- 4 tasses de pastèque, pelée et coupée en gros morceaux
- 1 et ½ tasses d'eau

Instructions:
1. Mélangez la pastèque avec le zeste de citron dans une casserole et mélangez les autres ingrédients, placez sur feu moyen, laissez cuire 8 minutes, répartissez dans des bols et servez froid.

Nutrition:: calories 233, lipides 0,2, fibres 0,7, glucides 61,5, protéines 0,9

pudding au gingembre

Temps de préparation : 1 heure
Temps de cuisson : 0 minutes
Portions : 4

Ingrédients:
- 2 tasses de lait d'amande
- ½ tasse de crème de coco
- 2 cuillères à soupe de sucre de coco
- 1 cuillère à soupe de gingembre, râpé
- ¼ tasse de graines de chia

Instructions:
1. Mélanger le lait avec la crème et les autres ingrédients dans un bol, bien battre, répartir dans des petites tasses et réfrigérer 1 heure avant de servir.

Nutrition: Calories 345, lipides 17, fibres 4,7, glucides 11,5, protéines 6,9

crème de cajou

Temps de préparation : 2 heures
Temps de cuisson : 0 minutes
Portions : 4

Ingrédients:
- 1 tasse de noix de cajou hachées
- 2 cuillères à soupe d'huile de coco fondue
- 2 cuillères à soupe d'huile de coco fondue
- 1 tasse de crème de coco
- cuillères à soupe de jus de citron
- 1 cuillère de sucre de coco

Instructions:
1. Battez les noix de cajou avec l'huile de coco et les autres ingrédients dans un mixeur, mélangez bien, répartissez dans de petites tasses et réfrigérez 2 heures avant de servir.

Nutrition: Calories 480, lipides 43,9, fibres 2,4, glucides 19,7, protéines 7

biscuits au chanvre

Temps de préparation : 30 minutes
Temps de cuisson : 0 minutes
Portions : 6

Ingrédients:
- 1 tasse d'amandes trempées toute la nuit et égouttées
- 2 cuillères à soupe de cacao en poudre
- 1 cuillère de sucre de coco
- ½ tasse de graines de chanvre
- ¼ tasse de noix de coco râpée
- ½ tasse d'eau

Instructions:
1. Mélanger les amandes avec la poudre de cacao et les autres ingrédients dans un robot culinaire, bien mélanger, tapisser une plaque à pâtisserie, réfrigérer 30 minutes, trancher et servir.

Nutrition: Calories 270, lipides 12,6, fibres 3, glucides 7,7, protéines 7

Bols d'amandes et de grenades

Temps de préparation : 2 heures
Temps de cuisson : 0 minutes
Portions : 4

Ingrédients:
- ½ tasse de crème de coco
- 1 cuillère à café d'extrait de vanille
- 1 tasse d'amandes hachées
- 1 tasse de graines de grenade
- 1 cuillère de sucre de coco

Instructions:
1. Mélangez les amandes avec la crème et les autres ingrédients dans un bol, mélangez, répartissez dans des petits bols et servez.

Nutrition: Calories 258, lipides 19, fibres 3,9, glucides 17,6, protéines 6,2

Cuisses de poulet et légumes au romarin

Temps de préparation : 10 minutes
Temps de cuisson : 40 minutes
Portions : 4

Ingrédients:
- 2 livres de poitrine de poulet sans peau, désossée et coupée en cubes
- 1 carotte, en cubes
- 1 branche de céleri hachée
- 1 tomate, coupée en dés
- 2 petits oignons rouges, hachés
- 1 courgette, coupée en cubes
- 2 gousses d'ail, hachées
- 1 cuillère à soupe de romarin haché
- 2 cuillères à soupe d'huile d'olive
- poivre noir au goût
- ½ tasse de bouillon de légumes faible en sodium

Instructions:
1. Faites chauffer une poêle avec l'huile d'olive à feu moyen, ajoutez l'oignon et l'ail, remuez et faites revenir pendant 5 minutes.
2. Ajoutez le poulet, mélangez et laissez cuire encore 5 minutes.
3. Ajouter la carotte et les autres ingrédients, mélanger, porter à ébullition et cuire à feu moyen pendant 30 minutes.
4. Répartissez le mélange dans les assiettes et servez.

Nutrition: Calories 325, lipides 22,5, fibres 6,1, glucides 15,5, protéines 33,2

Poulet aux carottes et au chou

Temps de préparation : 10 minutes
Temps de cuisson : 25 minutes
Portions : 4

Ingrédients:
- 1 livre de poitrine de poulet sans peau, désossée et coupée en cubes
- 2 cuillères à soupe d'huile d'olive
- 2 carottes pelées et râpées
- 1 cuillère à café de paprika doux
- ½ tasse de bouillon de légumes faible en sodium
- 1 tête de chou rouge hachée
- 1 oignon jaune, haché
- poivre noir au goût

Instructions:
1. Faites chauffer une poêle avec de l'huile à feu moyen, ajoutez l'oignon, remuez et faites revenir 5 minutes.
2. Ajoutez la viande et laissez cuire encore 5 minutes.
3. Ajouter la carotte et les autres ingrédients, mélanger, porter à ébullition et cuire à feu moyen pendant 15 minutes.
4. Répartissez le tout dans les assiettes et servez.

Nutrition: Calories 370, lipides 22,2, fibres 5,2, glucides 44,2, protéines 24,2

Sandwich aux aubergines et à la dinde

Temps de préparation : 10 minutes
Temps de cuisson : 25 minutes
Portions : 4

Ingrédients:
- 1 poitrine de dinde sans peau et désossée, coupée en 4 morceaux
- 1 aubergine, coupée en 4 tranches
- poivre noir au goût
- 1 cuillère à soupe d'huile d'olive
- 1 cuillère à soupe d'origan haché
- ½ tasse de sauce tomate faible en sodium
- ½ tasse de fromage cheddar faible en gras, râpé
- 4 tranches de pain de blé entier

Instructions:
1. Faites chauffer un grill à feu moyen-vif, ajoutez les tranches de dinde, arrosez de la moitié de l'huile, saupoudrez de poivre noir, faites cuire 8 minutes de chaque côté et disposez sur une assiette.
2. Disposez les tranches d'aubergines sur le gril préchauffé, arrosez du reste d'huile et assaisonnez de poivre noir, faites frire 4 minutes de chaque côté et transférez également dans l'assiette avec les tranches de dinde.
3. Disposez 2 tranches de pain sur un plan de travail, répartissez le fromage dans chacune, répartissez les tranches d'aubergine et de dinde dans chacune, saupoudrez d'origan, arrosez de sauce et recouvrez avec les 2 autres tranches de pain.
4. Répartissez les sandwichs dans les assiettes et servez.

Nutrition: Calories 280, lipides 12,2, fibres 6, glucides 14, protéines 12

www.ingramcontent.com/pod-product-compliance
Lightning Source LLC
Chambersburg PA
CBHW071823110526
44591CB00011B/1195